Pauline   Wengeroff

Memoiren einer Grossmutter Band I

Bilder aus der Kulturgeschichte der Juden Russlands im 19. Jahrhundert

Pauline   Wengeroff

Memoiren einer Grossmutter Band I
Bilder aus der Kulturgeschichte der Juden Russlands im 19. Jahrhundert

ISBN/EAN: 9783337362713

Hergestellt in Europa, USA, Kanada, Australien, Japan

Cover: Foto ©Thomas Meinert / pixelio.de

Weitere Bücher finden Sie auf **www.hansebooks.com**

Pauline Wengeroff.

MEMOIREN EINER GROSSMUTTER

Pauline Wengeroff

Memoiren einer Grossmutter

Bilder aus der Kulturgeschichte der
Juden Russlands im 19. Jahrhundert

Band I

Mit einem Geleitwort von Dr. Gustav Karpeles

BERLIN
Verlag von M. Poppelauer
1908

Geleitwort.

Die jüdische Literatur besitzt leider nur sehr wenige Memoirenwerke.

Aus dem jüdischen Leben in Russland kenne ich nur ein einzige, die »Zapiski Jewreja« von Gregor Isaakowitsch Bogrow. Diesem Werke, das uns einen tiefen und charakteristischen Einblick in das Leben und Treiben der Juden in Russland zu Anfang des vorigen Jahrhunderts eröffnet hat, schliessen sich die Memoiren der Pauline Wengeroff ebenbürtig an. Mit inniger Liebe und großer Pietät, mit seltener Treue und aufrichtiger Wahrhaftigkeit, mit einem milden verklärenden Humor und mit feinem psychologischem Takt erzählt sie uns wichtige Episoden aus einer grossen Übergangszeit, aus der Zeit, in welcher die Aufklärung unter den Juden in Russland die Nebel, die bis dahin über dem russischen Judentum lagerten, zu durchbrechen begann, aus einer vielbewegten, interessanten, merkwürdigen Periode, deren Geschichte noch nicht geschrieben ist, sondern erst dann geschrieben werden kann, wenn wir noch eine ganze Reihe solcher Memoiren besitzen werden.

Die russischen Juden haben in den letzten Jahren im Vordergrund des öffentlichen Interesses gestanden. Ihre Schicksale und Leiden haben die Teilnahme der ganzen Kulturwelt gefunden. Natürlich hat man sich auch viel mit ihren Charaktereigenschaften, mit ihrer Geschichte und mit ihrer Literatur beschäftigt. Erst dadurch kam weiteren Kreisen die Erkenntnis, welch ein reicher Schatz von Phantasie und Bildung, von Poesie und Begabung in diesen Judenstädten und Judengassen des weiten Zarenreiches aufgespeichert liegt und dort der grossen Schilderer und Dichter harrt, die diesen Schatz zu heben verstehen.

Unwillkürlich wird man bei Betrachtung der Kulturarbeit, die uns die Memoiren von Frau Pauline Wengeroff so anschaulich schildern, an ein Wort von Nikolaj Gogol in seinem klassischen Roman »Tote Seelen« erinnert. Die Kibitka des Helden jagt mir rasender Eile über die weite unübersehbare Ebene dahin und verliert sich schliesslich in die graue Ferne. »Und jagst nicht auch Du, mein Russland, vorwärts wie eine nicht einzuholende Troika? Der Weg hinter dir dampft, die Brücken krachen, alles lässt du hinter dir. Die Zuschauer bleiben überrascht stehen und fragen: War es ein Blitz? Was bedeutet die schauererweckende Eile, welche geheimnisvolle Kraft beseelt diese Pferde? Was für Pferde sind das? Habt ihr Wirbelwind in euren Mähnen?.... Habt ihr von oben bekannte Töne gehört und strengt ihr nun eure Eisenkörper an, ohne die Erde mit euren Hufen zu berühren, durch die Lüfte zu fliegen, als wäret ihr von einem Gotte begeistert? Russland, wohin jagst du? Antworte! Da kommt keine Antwort. Man hört die Glöckchen der Pferde wundersam klingen; es stöhnt in der Luft und wächst, wie zum Sturme an und Russland setzt seine kühne Jagd fort.«

Feine Ohren werden vielleicht aus den Blättern dieser Memoiren einen Teil der Antwort heraus hören, und aufmerksame Beobachter werden die rapide Entwickelung der Juden Russlands von finsterem Aberglauben und der Erstarrung zum hellen Lichte der Aufklärung und innerer Freiheit verstehen lernen.

Dann ist aber auch der Zweck dieses liebenswürdigen Buches erfüllt, das meine besten Wünsche auf seinem Wege in die Öffentlichkeit geleiten mögen.

Gustav Karpeles

Inhaltsverzeichnis.

Vorbemerkung.

Ich war ein stilles Kind, auf das jedes freudige und traurige Ereignis in meiner Umgebung tief einwirkte. Viele Vorgänge prägten sich meinem Gedächtnis gleich einem Abdruck in Wachs ein, so daß ich mich ihrer noch jetzt ganz deutlich erinnere. Die Begebenheiten stehen frisch und lebendig vor mir, als wären sie von gestern. Mit jedem Jahr wuchs das Bedürfnis, meine Erlebnisse und Beobachtungen niederzuschreiben und nun gibt mir das reiche Material, das ich gesammelt habe, die schönsten und trostreichsten Stunden meines im Alter so einsam gewordenen Lebens. Es sind Feierstunden für mich, wenn ich die Aufzeichnungen zur Hand nehme und oft mit einer stillen Träne oder einem verhaltenen Lächeln darin blättere. Dann bin ich nicht mehr allein, sondern in guter und lieber Gesellschaft. Vor meinem geistigen Auge ziehen sieben Dezennien voll Sturm und Drang vorbei, wie in einem Kaleidoskop, und die Vergangenheit wird lebendige Gegenwart: die heitere, sorglose Kindheit im Elternhause, in späteren Jahren ernstere Bilder, Trübsal und Freude aus dem Leben der Juden von damals und so manche Szene aus meinem eigenen Hause. Diese Erinnerungen helfen mir über einsame, schwere Stunden, über die Bitterkeit der Enttäuschungen des Lebens hinweg, die wohl keinem Menschen erspart bleiben.

In solchen Stunden schleicht sich auch die Hoffnung in das alte Herz, daß es vielleicht auch für andere keine vergebene Arbeit ist, wenn ich vergilbte Blätter über die wichtigeren Ereignisse, die gewaltigen Veränderungen im kulturellen Leben der jüdischen Gesellschaft in Litauen der 40-50er Jahre des vorigen Jahrhunderts, von denen auch ich betroffen wurde, sorgfältig gesammelt habe. Vielleicht interessiert es die Jugend von heute, zu erfahren, wie es einmal war. Und wenn ich auch nur einem meiner Leser etwas gegeben habe, bin ich reichlich belohnt.

Ich bin im Anfang der 30er Jahre des vorigen Jahrhunderts in der litauischen Stadt Bobruisk geboren. Von streng religiösen Eltern, klugen, geistig vornehmen Menschen erzogen, könnte ich die Wandlung verfolgen, die das jüdische Familienleben durch die europäische Bildung erfahren hat, und mich überzeugen, wie leicht unsern Eltern die Erziehung der Kinder wurde, und wie schwer diese Aufgabe uns, der zweiten Generation, war. Wir machten uns mit der deutschen und polnischen Literatur bekannt, studierten mit großem Eifer die Bibel und Propheten, die uns mit Stolz auf unsere Religion und Tradition erfüllten und mit unserem Volk innig verbanden. Ihre Poesie prägte sich dem unberührten Kindergemüt tief ein und gab der Seele für die kommenden Tage Keuschheit und Reinheit, Schwung und Begeisterung.

Aber wie schwer erging es uns nun in der großen Übergangszeit der 60er und 70er Jahre des vorigen Jahrhunderts! Wir hatten uns wohl einen gewissen Grad der europäischen Bildung angeeignet; aber wir fühlten überall die klaffenden Lücken. Wir ahnten, daß noch höhere Stufen zu ersteigen wären, und suchten mit Anspannung unserer Kräfte, das Fehlende und an uns Versäumte bei unsern Kindern nachzuholen. Aber wir verloren leider in dem übergroßen Eifer das letzte Ziel und vergaßen die Weisheit des Maßhaltens. So tragen wir selbst Schuld an der Kluft, die zwischen uns und unsren Kindern entstand, an ihrer Entfremdung vom Elternhause, die folgen mußte.

Während uns der Gehorsam, den wir nach den Geboten unseren Eltern schuldig sind, heilig und unverletzbar war, mußten wir jetzt unseren Kindern gehorchen, uns vollständig i h r e m Willen unterordnen. Wie einst unseren Eltern gegenüber, hieß jetzt die Parole unsern Kindern gegenüber: schweigen, still sein, fein den Mund halten, und wenn es noch so schwer, vielleicht noch schwerer wurde, als einst! Wenn wir andächtig und voll Ehrfurcht zuhörten, da unsere Eltern von ihren Erlebnissen und Erfahrungen erzählten, schweigen und lauschen wir jetzt voll Freude und Stolz, wenn unsere Kinder von ihrem Leben und ihrem Ideale sprechen. Diese Unterwürfigkeit, die Bewunderung, die wir für unsere Kinder haben, macht sie zu Egoisten, zu unseren Tyrannen — das ist die Kehrseite der Medaille der europäischen Kultur bei uns Juden in Rußland, wo sonst kein anderer Stamm so rasch und unwiderruflich mit der Annahme der westeuropäischen Zivilisation alles aufgab und alle Erinnerungen an die Vergangenheit, seine Religion verließ, und alle Tradition von sich abschüttelte.

Unsere Kinder hatten es leichter als wir, eine hohe Bildungsstufe zu erreichen, und wir sahen das mit Freude und Genugtuung, denn wir haben ihnen oft mit schweren Opfern die Wege geebnet und Hindernisse beseitigt. Sie fanden alles bereit: Erzieherinnen, Kindergarten, Jugendbibliotheken, Kindertheater, Feste und angemessene Spiele, indes uns der Hof des Elternhauses alles ersetzen mußte, wo wir uns wahllos mit den armen Nachbarskindern herumtummelten und, die Röckchen über die Köpfe gezogen, hüpften und sangen:

>>Gott, Gott, gib Regen —
Der kleinen Kinder wegen!<<

Welcher Unterschied!

Alle diese Wandlungen habe ich hier zu schildern versucht.

Ich bitte die Leser um Nachsicht. Ich bin keine Schriftstellerin und mag auch nicht als solche erscheinen. Ich bitte nur, diese Aufzeichnungen als das Werk einer alten Frau anzusehen, die einsam in der Dämmerung ihres stillen Lebensabends schlicht erzählt, was sie in einer ereignisvollen Zeit erlebt und erfahren.

Ich weiß, daß meine Familienchronik ohne Zweifel der Jugend in unseren Tagen wie mit dichtem Schimmel oder mit einer dicken Staubschicht bedeckt erscheinen wird. Und doch hoffe ich, daß die Kenntnis des damaligen Lebens der Juden, das von dem der heutigen so himmelweit verschieden ist, für so manchen von einigem Interesse sein wird, der sich gern in vergangene Zeiten versenkt, um zu prüfen und zu vergleichen.

So fand ich den Mut zu meiner Publikation!

Ich kann dieses Werkchen — das geistige Kind einer Greisin, Bensekunim, wie die Hebräer sagen, — nicht in die Welt schicken, ohne meiner Freundin Louise Flachs-Fockschaneanu für ihre gütige Förderung zu danken. —

Ein Jahr im Elternhause.

I. Teil.

Mein Vater pflegte Sommer und Winter um 4 Uhr morgens aufzustehen. Er achtete streng darauf, daß er sich nicht vier Ellen von seinem Bette entfernte, ohne sich die Hände zu waschen. Ehe er den ersten Bissen zum Munde führte, verrichtete er in behaglicher Stimmung die Früh-Morgengebete, und begab sich dann in sein Arbeitszimmer. Es hatte an den Wänden viele Fächer, in denen zahlreiche Talmudfolianten aller Arten und Zeiten aneinander gereiht standen, in guter Gemeinschaft mit sonstigen talmudischen und hebräischen Werken der jüdischen Literatur. Darunter gab es alte, seltene Drucke, auf die mein Vater stolz war. Außer einem Schreibtisch stand in diesem Raum noch ein hoher, schmaler Tisch, »Ständer« genannt, davor ein bequemer Lehnstuhl und eine Fußbank.

Mein Vater begab sich also in sein Zimmer, ließ sich gemächlich im Stuhl nieder, schob die von dem Diener bereits angezündeten Kerzen näher und schlug den großen Folianten auf, der noch von gestern abend wie wartend dalag und begann in dem bekannten Singsang zu »lernen«. So gingen die Stunden bis sieben Uhr morgens hin. Dann trank er seinen Tee und ging in die Synagoge zum Morgengebet.

In meinem Elternhause wurde die Tageszeit nach den drei täglichen Gottesdiensten eingeteilt und benannt: so sagte man »vor« oder »nach dem Dawenen«, (Beten), für die vorgerücktere Zeit »vor« oder »nach Minche« (Vorabendgebet); die Zeit der Abenddämmerung wurde mit »zwischen Minche und Maariw« bezeichnet. In ähnlicher Weise wurden die Jahreszeiten nach den Feiertagen benannt;

17

so hieß es »vor« oder »nach Chanuka«, »vor« oder »nach Purim« usw.

Mein Vater kam um zehn Uhr vom Bethause zurück. Erst dann begannen die geschäftlichen Arbeiten. Es kamen und gingen viele Menschen, Juden und Christen, die Geschäftsführer, die Kommis, Geschäftsfreunde usw., die er bis zur Mittagszeit — es wurde um ein Uhr gegessen — abfertigte. Nach Tisch ein kurzes Schläfchen, hierauf nahm er seinen Tee. Dann fanden sich auch schon Freunde ein, mit denen er über den Talmud, literarische Fragen und über Tagesereignisse sprach.

So schrieb mein Vater im Anfang der vierziger Jahre des vorigen Jahrhunderts einen Beitrag zu den »Eyen Jankow«, den er »Kuntres« (Kunom Beissim) benannte, und im Anfang der fünfziger Jahre hat er eine umfangreiche Sammlung seiner Kommentare zu dem ganzen Talmud herausgegeben unter dem Namen »Minchas Jehuda«. Beide Werke hat er keinem Verleger zum Verkauf überlassen, und nur an seine Freunde, Bekannte, seine Kinder und hauptsächlich an viele »Bote midraschim«, (Lehrhäuser) in Rußland verteilt. Das jüdische Schrifttum und die meisten seiner Verfasser von damals und noch viele Jahrhunderte zuvor, auch der Talmud, haben den großen Fehler begangen, daß sie die Daten oft außer acht ließen und sie nicht genau angaben. So hat beispielsweise mein Vater in seinem letzten Werke seinen Stammbaum gegeben, der sehr viel Rabbiner und Gaonim, angefangen von seinem Großvater bis zehn Generationen weiter hinauf zählte, aber bei keinem das Jahr seines Lebens und Todes verzeichnet. Was galt das Leben des Einzelnen, wenn nur das Talmudstudium eine Pflanzstätte hatte!

So empfand mein Vater, der getreu wie seine Ahnen der Lehre und dem Gottesdienst sich weihte ...

Das Minche gdole (Vorabendgebet) verrichtete er

gewöhnlich zu Hause und sehr früh. Zu Maariw ging er wieder in die Synagoge, von der er gegen neun Uhr nach Hause kam zum Abendbrot. Er blieb gleich beim Tisch sitzen, unterhielt sich mit uns über dies und jenes. Er interessierte sich für alles, was im Hause vorging, was uns Kinder betraf, manchmal für den Fortgang unseres Unterrichts. (Den jüdischen Lehrer, Melamed und Schreiber, wie auch den Lehrer der polnischen und russischen Sprache pflegte meine Mutter zu besorgen.) Meinem Vater wurden da alle Haus- und Stadtereignisse mitgeteilt, während er seinerseits uns alles erzählte, was er in der Synagoge gehört hatte und was dort erörtert worden war. Dies war für uns die beste Unterhaltung und was er erzählte, die interessanteste Zeitung. Man nannte diese mündlichen Ueberlieferungen »pantoflowe gazeta«. Zeitungen, wie wir sie heute besitzen, gab es damals nur wenige, und sie waren nicht für jedermann erreichbar.

Meines Vaters impulsive Natur nahm alle Ereignisse mit starker Ergriffenheit auf, die sich auch seiner Umgebung mitteilte. Wir Kinder lauschten bei Tisch gespannt seinen klugen Reden. Er erzählte uns von berühmten Männern, von ihren Taten, von ihrer religiösen Lebensweise, den jüdischen Gesetzen, und wir liebten und schätzten ihn und stellten ihn höher als alle Menschen, die wir damals kannten. An zwei Namen, die er uns genannt, erinnere ich mich noch. Der eine hieß Reb Selmele, der andere Reb Heschele. Reb Selmele beschäftigte sich so eifrig mit dem Talmudstudium, daß er oft zu essen, zu trinken und zu schlafen vergaß. Er wurde schwach, mager und bleich, und seine besorgte Mutter flehte ihn an, seine Mahlzeiten einzunehmen. Aber es half nichts. Da gebrauchte die Mutter ihre Autorität: sie erschien eines Tages in seinem Studierzimmerchen mit einem Stück Kuchen in der Hand und b e f a h l ihm, zu essen; zugleich sagte sie ihm, daß er jeden Tag um diese Stunde von ihr ein Stück Kuchen bekommen würde, das er essen müßte. Der junge Mann fügte sich in den Willen der Mutter; ehe er aber zu essen begann, rezitierte er den Talmudabschnitt: »Kabed ow weem«, die Gebote von der Verehrung von Vater und Mutter.

Der zweite, Reb Heschele, war schon als Kind sehr klug und witzig, Eigenschaften, die ihm auch bei all seiner großen Gelehrsamkeit bis in die späteren Lebensjahre verblieben. Ihm war das Cheder ein Greuel mitsamt dem Rebben und dem Behelfer, der ihn täglich gewaltsam fortführte, obwohl er sich mit Händen und Füßen sträubte; denn er war ein sehr lebhaftes Kind und liebte die Freiheit. Eines Tages fragte ihn sein Vater ohne jede Strenge, warum er denn so ungern ins Cheder ginge. »Ich fühle mich beleidigt«, erwiderte er, »daß der Behelfer mich so ohne jede Achtung mitschleppt. Warum schickt man dir, wenn man dich haben will, einen Boten, der dich h ö f l i c h bittet, der Einladung zu folgen?« Und du antwortest manchmal: »Gut, ich komme!« oder manchmal auch: »Ich danke, gleich wie gewesen (d. h. wenn du willst, gehst du, sonst eben nicht).« Der Vater versprach ihm, ihn auch einladen zu lassen und teilte das dem Behelfer mit. Als dieser nun anderen Tages den Kleinen freundlich einlud, antwortete er: »Gleich wie gewesen!« — Ein andermal zog er beide Strümpfe auf denselben Fuß, um den Behelfer recht lange nach dem zweiten suchen zu lassen.

Meine Eltern waren biedere, gottesfürchtige, tief religiöse, menschenfreundliche Leute von vornehmem Charakter. So war überhaupt der vorherrschende Typus unter den damaligen Juden, deren Lebensaufgabe vor allem die Gottes- und die Nächstenliebe war. Der größere Teil des Tages verging mit dem Talmudstudium. Den Geschäften widmete man nur bestimmte Stunden, obgleich die Geschäfte meines Vaters oft hundert tausende Rubel betrafen. Er gehörte, wie auch mein Großvater, der Klasse der Podraziki (Unternehmer) an, die in der ersten Hälfte des vorigen

Jahrhunderts in Rußland eine große Rolle spielten, da sie große Geschäfte mit der russischen Regierung machten, wie die Übernahme von Festungs-, Chaussee- und Kanalbauten und die Lieferungen für die Armee. Mein Vater und mein Großvater gehörten zu den angesehensten dieser Unternehmer, da sie sich durch absolute Ehrlichkeit auszeichneten.[A]

Wir bewohnten in der Stadt Brest ein großes Haus mit vielen, reich ausgestatteten Räumen; wir hatten Equipage und teure Pferde. Meine Mutter und die älteren Schwestern besaßen auch viel Schmuck und schöne, kostbare Kleider. Unser Haus lag abseits von der Stadt. Man mußte erst eine lange Brücke, die die Flüsse Bug und Muchawiez überspannte, passieren und kam dann an vielen kleinen Häusern vorbei. Dann mußte man sich nach rechts wenden, eine Strecke von etwa 100 Faden geradeaus gehen — und man stand vor unserem Haus. Das Haus war gelb angestrichen und hatte grüne Fensterladen. In der Fassade besaß es ein großes, venetianisches Fenster, neben dem zu jeder Seite noch zwei Fenster waren. Davor lag ein schmaler, von einem Holzstacket umgebener Blumengarten. Das Haus trug ein hohes Schindeldach.

Das ganze Anwesen samt Gemüsegarten war von einer Reihe hoher Silberpappeln eingeschlossen, was dem Hause das Aussehen eines litauischen Herrensitzes gab.

Das jüdische Familienleben in der ersten Hälfte des vorigen Jahrhunderts war in meinem Elternhaus, wie bei anderen, sehr friedlich, angenehm, ernst und klug. Es prägte sich mir und meinen Zeitgenossen tief und unvergeßlich ein. Es war kein Chaos von Sitten, Gebräuchen und Systemen, wie jetzt in den jüdischen Häusern. Das jüdische Leben von damals hatte einen ausgeglichenen Stil, trug einen ernsten, den einzig würdigen jüdischen Stempel. Darum sind uns die Traditionen des elterlichen Hauses so heilig und teuer bis

21

auf den heutigen Tag geblieben! Wir aber mußten viel Leid erdulden, bis wir notgedrungen uns in unserem eigenen Hause einer ganz anderen Lebensweise unterwarfen, die unseren Kindern wohl wenig erbauliche und noch weniger angenehme Erinnerungen aus ihrem elterlichen Hause hinterlassen wird!

Liebe, Milde und doch Bestimmtheit waren die Erziehungsmittel der Eltern. Und ein gut Wörtchen half über manche Schwierigkeit hinweg.

Eine Episode:

Eines Morgens fand mich mein Vater, der von der Stadt zurückkehrte, allein und weinend auf der Straße. Ich glaube, eine Gespielin hatte mir die Puppe fortgenommen. Er wurde böse, daß ich ohne Begleitung umherlief und fragte ärgerlich, warum ich weinte. Ich war aber von meinem großen Schmerz so erfüllt, daß ich keine Antwort zu geben vermochte und noch heftiger zu schluchzen begann. Da wurde mein Vater erst recht zornig und rief: »Warte nur, die Rute wird dich antworten lehren!« Er ergriff meine Hand und zog mich rasch ins Haus. Der Vater ließ sich eine Rute geben und machte Anstalten, mich zu prügeln. Ich war ganz still geworden und sah verblüfft zum Vater hinauf — ich wurde nie mit der Rute bestraft — und sagte überrascht: »Ich bin ja Pessele!« Ich war der festen Überzeugung, daß mein Vater mich nicht erkannt und sich geirrt hatte.

Und diesem selbstbewußten Verhalten hatte ich es zu verdanken, daß ich von der Rute verschont blieb. Alle Umstehenden lachten und baten für mich um Nachsicht.

Ich beschäftigte mich mit Vorliebe im Gemüsegarten beim Ausgraben der Kartoffeln und anderer Gemüse; ich bat mir von den halberfrorenen Weibern bald den Spaten, bald die Harke aus und hantierte damit flink, bis die scharfe, kalte Herbstluft mich mahnte, geschwind ins Haus zu laufen.

Nachdem alles Gemüse aus unserem Garten eingekellert war, wurde noch viel auf dem Markt eingekauft. Dann ging's an die sehr wichtige Arbeit — an das Einlegen von Sauerkohl, womit in jedem Herbst viele arme Frauen volle acht Tage beschäftigt waren. Nach den jüdischen Vorschriften ist es streng geboten, die Würmchen, die im Gemüse und in den Früchten, besonders aber im Kohl nisten, sorgsam zu entfernen; und so wurde von jedem Kohlkopf Blatt um Blatt abgenommen, gegen das Licht gehalten und genau untersucht. Meine fromme Mutter war in der Erfüllung der Vorschriften sehr peinlich und pflegte, wenn der Kohl besonders geraten und von der besten Sorte war und wenig Würmer hatte, den Frauen eine besondere Belohnung für jeden gefundenen Wurm zu geben, denn sie war immer in Sorge, daß die Frauen bei der Arbeit nicht genügend aufmerksam waren. Ich sah auch hier gern zu wie bei der Arbeit im Gemüsegarten, weil die Frauen dabei allerlei Volkslieder sangen, die mich tief ergriffen und mich schmerzlich weinen, aber auch häufig herzlich lachen machten. Viele dieser Lieder sind mir bis jetzt im Gedächtnis geblieben und sind mir teuer!

Es war ein geruhiges Leben!

Wir leben jetzt in dem Zeitalter von Dampf und Elektrizität viel schneller, so will es mir scheinen. Das hastige Treiben der Maschinen hat auch auf den menschlichen Geist eingewirkt. Wir erfassen manches viel rascher und begreifen ohne Mühe so viele komplizierte Dinge, indes man früher die einfachste Tatsache nicht begreifen konnte. Ich entsinne mich eines Beispiels, das mir im Gedächtnis geblieben ist und das ich hier anführen will. In den vierziger Jahren baute mein Großvater für die Regierung die Chaussee von Brest nach Bobruisk. Auf der Strecke befanden sich Berge, Täler und Sümpfe, so daß eine Wagenreise volle zwei Tage dauerte, während man dieselbe Tour auf der Chaussee bequem in einem Tage sollte zurücklegen können. Alles sprach natürlich von dem für jene Zeit großen Unternehmen, aber es fanden sich selbst in den höheren Gesellschaftskreisen Skeptiker, die ihre Zweifel äußerten und sagten: »Solange sich die Menschen erinnern, waren zwei Tage nötig, um den Weg, von Brest in Lithauen nach Bobruisk zurückzulegen, und da kommt Reb Zimel Epstein und erzählt uns, er wird ihn auf eine Tagereise verkürzen. Wer ist er? Gott? Wird er die übrige Strecke Wegs in seine Tasche stecken?«

In der zweiten Hälfte des 17. Jahrhunderts waren die Wege in Litauen und in manchen Teilen Rußlands überhaupt noch wüst. Endlose Steppen, Sümpfe, teilweise noch Urwald dehnten sich meilenweit, bis die große Kaiserin Catharina II. auf beiden Seiten mit Birkenbäumen bepflanzte Landstraßen anlegen ließ. Die Seitenwege waren aber sowohl für die Fußgänger, die man als Boten von Ort zu Ort sandte, sowie für die in Schlitten und Wagen Reisenden noch sehr gefährlich, besonders im Winter durch den tiefen Schnee. Zur Überwindung dieser Gefahren wurde die Pferdepost eingeführt. Dazu gehörte die T r o i k a, das D r e i g e s p a n n, der Postkutscher, Jamschezik genannt, ein halbwilder, schwerfälliger, immer betrunkener Bauer, der bei seinem Pferde lebte und starb. Viel gebraucht wurde auch die K i b i t k a, ein plumpes Wägelchen, dessen vier schwere Räder zwei breite Holzstangen verbanden, auf denen ein aus Brettern zusammengesetzter, halb überdeckter Korb ruhte, oder die T e l e g a, ein ebenso plumpes Wägelchen ohne Verdeck. Das Geschirr der Pferde bestand aus grobem Leder, das mit Messingblech reich verziert war. Das mittlere Pferd hatte über dem Kopfe ein Krummholz, in dessen Mitte eine mächtige Glocke hing. Einen ebenso schwerfälligen, echt russischen Charakter wie das Gefährt hatten die etwa 20-25 Werst von, einander entfernt liegenden Poststationen. Eine große Stube mit weißgetünchten Wänden, ein großmächtiger, mit schwarzem Wachstuch bezogener Divan, der lange, hölzerne, auch mit Wachstuch benagelte Tisch, darauf der hohe, schmale, schmutzige, mit grünem Schimmel überzogene Samowar und ein schwarzes, verräuchertes Teebrett mit blinden, unsauberen Gläsern. Der hohe magere, immer, selbst am Mittag, schlaftrunkene, ungewaschene und ungekämmte Stationschef in seiner unsauberen Vizeuniform mit den blinden Messingknöpfen vervollkommnete das typische Bild, das mir heute nach 65 Jahren noch lebhaft vor Augen steht. — Von dieser Einrichtung konnten indes nur die reicheren Leute Gebrauch frischen, namentlich die höheren Militärs und Kouriere, die zu Pferde Botschaften von den Hauptstädten nach einer Gouvernementsstadt übermittelten, wozu man sich jetzt des Telephons und Telegraphen bedient.

Das gewöhnliche Publikum bediente sich eines einfachen, mit Leinwand bespannten Wagens, der von zwei oder drei Pferden gezogen wurde. Das bessere Publikum benutzte den. T a r a n t a s s, eine h a l bbedeckte Kutsche, die auf zwei dicken Holzstangen ruhte, oder den F ü r g o n, eine ganz mit Leder überdeckte Kutsche mit einer Tür in der Mitte. Nicht selten wurden diese Fuhrwerke samt den Passagieren auf freiem Felde vom Schneesturm verschüttet. — Erst zu Beginn des 18. Jahrhunderts wurde durch den Bau der Chausseen diesen Übelständen abgeholfen. Nun hemmte kein Berg, kein Sumpf, kein Wald das schnelle Vorwärtskommen, und auf gradlinigem, ebenen Wege gingen die Fuhrwerke dahin. Die Sicherheit wurde dadurch erhöht, daß außer den Poststationen in regelmäßigen Abständen Wachhäuschen mit Wächtern eingerichtet wurden. Das nun schon bequemere Reisen machte das Volk beweglicher. Handel und Verkehr entwickelten sich erstaunlich rasch und schon am Anfang der vierziger Jahre zeigte sich das Bedürfnis nach einem schnelleren Verkehrsmittel. Da wurde dann die Einrichtung der sogenannten Diligence getroffen, ein bequemer Wagen mit zwei Abteilungen, der zwölf bis fünfzehn Personen zu einem mäßigen Preis täglich von Ort zu Ort führte. Er war mit drei Pferden bespannt und wurde von dem Postillon gelenkt, der eine eigenartige Uniform trug und auf seiner Trompete eine traditionelle Weise blies. In Russisch-Polen nannte man dieses Verkehrsmittel nach dem Unternehmer »Stenkelerke«, in Ostpreußen »Journalière«. Man war im allgemeinen sehr mit dieser Einrichtung zufrieden und glaubte, nie etwas Besseres finden zu können. Gleichwohl wusste man schon um die Mitte der fünfziger Jahre auch in Rußland von der Erfindung der Eisenbahn, und anfangs der 60er Jahre konnte man auch schon im Zarenreich weite Strecken per Dampf zurücklegen. In den vierziger Jahren brauchte man mit Postpferden sieben Tage, um eine Entfernung von 800 Werst zu überwinden, wofür in den sechziger Jahren mit der Eisenbahn dreißig Stunden ausreichten.

Nicht minder bedeutsam war die Entwicklung des Verkehrswesens innerhalb der Städte im Anfang ein elendes Korbwägelchen auf hölzernen Rädern, von einem mit Stricken angeschirrten Pferde langsam gezogen, für das »Volk«, und zwar nur für zwei Personen; für das bessere Publikum die sogenannte Droschke oder »Lineika«, die heute noch existiert: ein Lederkorb auf hängenden Ressorts, zwei Deichselstangen, zwischen die ein Pferd mit einem Krummholz über dem Kopfe eingespannt war. In der Lineika war für acht Personen Platz, auf einem langen Sitze saßen auf jeder Seite vier Personen, Rücken an Rücken. Diese Gefährte schüttelten und rüttelten auf dem holprigen Pflaster die Passagiere lange Zeit, und wurden erst allmählich so weit verbessert, daß die Droschke auf liegenden, niederen Ressorts angebracht und der Sitz mit Federkissen versehen wurde, bis schließlich die Gummireifen um die Räder dem Schütteln ein Ende machten und anstelle der Kissen bequeme, breite Sofasitze traten.

Ende der siebziger Jahre wurde die Straßen-Pferdebahn eingeführt und die ersten Velocipede tauchten auf, bis in den neunziger Jahren die elektrische Tramway eine weitere Vervollkommnung brachte, die dann nur wieder durch das Automobil übertrumpft wurde.

Der Wegebau — der ja erst die Vervollkommnung der Verkehrsmittel ermöglichte, wurde in Form von Submissionen vergeben. Jeden Spätherbst, veranstaltete die russische Regierung in Brest die Torgy, d. h. die Vergebung der Bauarbeiten und Lieferungen. Aus diesem Anlaß kam gewöhnlich mein Großvater aus Warschau zu uns. Auch aus anderen: Städten trafen viele »Padradziki« ein. Zu des Großvaters Empfang wurden große Anstalten getroffen; mein Vater wurde, durch Estafette, reitende Eilboten, die auf jeder Poststation das Pferd wechselten, von dem Tag seines Eintreffens vorher genau benachrichtigt. Schon am Morgen des betreffenden Tages waren alle im Hause und besonders wir Kinder voller Ungeduld und Erwartung. Zur bestimmten Stunde begaben wir uns auf den Paradebalkon oder auch auf den Korridor, um da zwischen den Säulen eine geeignete Stelle zu finden, damit uns der Großvater zu allererst bemerke. Aller Augen waren auf die nahe Brücke gerichtet. Die Erwartung hatte den höchsten Grad der Spannung erreicht. Endlich rasselte es auf der Brücke, und wir sahen die große, viersitzige Equipage des Großvaters, von vier Postpferden gezogen. (Aber auch von unseren Blicken mächtig angezogen.) Jeder von uns streckte sich kerzengrade und strich sich das Haar von der Stirn und die Herzen pochten ...

Der Wagen hielt nun endlich vor dem Balkon. Ein hoher, hagerer, blonder Diener, in einem Lakaienmantel, mit einigen aufeinander folgenden Kragen, sprang vom Bock, öffnete den Wagenschlag und half dem Großvater heraus. Er war ein ehrwürdiger, stattlicher Greis, dem Aussehen nach noch ziemlich rüstig, mit langem, grauen Bart, hoher breiter

Stirn, großen ausdrucksvollen Augen von strengem Blick. Doch sein väterliches Auge ruhte mit Stolz und Zärtlichkeit auf seinem Sohne. Es erfreute das Herz des alten Mannes vollends, daß unser Vater trotz seiner vielfachen Geschäfte noch immer Zeit genug fand, fleißig den Talmud zu studieren. Wie oft pflegte der Greis zu sagen, er beneide meinen Vater um sein großes, talmudisches Wissen und um die Muße, die er für das Studium finde.

Meine Mutter wurde vom Großvater zuerst begrüßt, aber ohne Händedruck. Meinen Vater, meinen älteren Bruder und meine Schwäger umarmte er; zu meinen älteren Schwestern und zu uns Kindern wandte er sich mit den Worten: »Was macht Ihr, Kinderchen?« Aber diese wenigen Worte waren hinreichend, uns vor Freude hüpfen zu machen. Von dem ganzen Schwarm, der sich auf dem Balkon befand, begleitet, begab sich dann der Großvater ins Haus.

Wir kleinen Kinder durften nicht gleich in die festlich geschmückten Räume eintreten. Wir nahmen daher unseren Rückweg durch die Tür links und gelangten durch den Hauptkorridor in unser Zimmer. Meine älteren Schwestern hatten schon das Recht, die ersten Stunden mit dem Großvater und den Eltern zusammen zu bleiben und sich an der Besprechung der Geschäftsangelegenheiten zu beteiligen. Wir Kleinen wurden erst am darauffolgenden Morgen von der Mutter zum Großvater geführt, der uns zärtlich Haar und Wange streichelte. Doch kam es selten zu einem Kuß. Er ließ uns durch seinen Diener die guten Warschauer Bonbons und Apfelsinen, die er uns mitgebracht hatte, geben. Unsere »Audienz« währte jedoch nur wenige Minuten. Wir küßten die weiße, kräftige Hand, die er uns reichte, wünschten dem von uns so geliebten und hochgeschätzten Manne einen »guten Morgen«, verbeugten uns und entfernten uns, ohne ein überflüssiges Wort an ihn zu richten.

So lange der Großvater bei uns weilte, war im Hause ein

Hin- und Herlaufen, ein Lärmen, ein Kommen und Gehen von Gästen und Geschäftsfreunden, im Hofe ein Ein- und Ausfahren von Equipagen und Droschken. Das Mittagbrot wurde später als sonst genommen. Man deckte im gelben Salon den großen Tisch aus dem Eßzimmer; das ganze Silber-, Kristall- und Porzellangeschirr wurde verwendet, und die Gänge und die Länge der Tafel hatten eine ungewöhnliche Ausdehnung, da viele Gäste geladen waren. Von meiner älteren Schwester bis zur jüngsten fand niemand an dem langen Tische Platz. Es wurde für uns zu unserer größten Freude im Eßzimmer ein besonderer Tisch hergerichtet, wo unsere Njanja (Kinderwärterin) Marjascha bediente — ein dralles, rotwangiges Mädchen mit schwarzen, dicken Zöpfen und einem roten Tuch, das sie turbanartig um den Kopf gewickelt hatte. Meine ältere Schwester Chasche Feige brachte uns selbst schmackhafte Gerichte, Kuchen usw. von der großen Tafel herüber. Wir waren von der strengen Disziplin, die drüben herrschte, befreit und genossen, auf uns selbst angewiesen, die vollkommenste Freiheit.

Am Abend fanden sich noch andere Gäste ein, darunter viele Christen, hochgestellte Männer vom Militär, Ingenieure, Baukommissäre, mit denen der Großvater Preference spielte. Ein reiches Dessert wurde aufgetragen, wovon wir Kinder wieder unseren gerechten Anteil erhielten; und wenn wir von der Mutter noch die Erlaubnis bekamen, damit auf den Ofen im Eßzimmer zu klettern und dort Licht anzuzünden, verlangten wir vom Schicksal nichts mehr. Denn auf dem Ofen war es so traulich, so gemütlich, dort, wo selbst am Tage ein Halbdunkel herrschte, wo sich in einem Winkel unsere Puppen mit ihren Bettchen, Kleidern und allerlei Blechtöpfe, Schüsseln und dergleichen befanden. Marjascha leistete uns immer Gesellschaft, und sie wußte so interessante Märchen zu erzählen. Ach, das war der Ort, wo wir Kinder die Welt umher vergaßen, mochte es unten in den prächtigen Räumen noch so munter zugehen: wir waren hier wunschlos-glücklich. Meine Mutter gestattete aber nur ungern den Auszug auf den Ofen; denn der Weg hinauf war unsicher: man mußte den einen Fuß in eine eigens dazu gemachte Vertiefung setzen und sich mit dem zweiten in der Luft rasch hinaufschwingen, wobei man oft das Gleichgewicht verlor und kopfabwärts auf die Diele stürzte. Auch oben fehlte es nicht an Gefahren; neugierig auf das Treiben im Eßzimmer, streckten wir die Köpfe über den Ofenrand hinaus, der andere Teil des Körpers schwebte fast in der Luft. Erst wenn eine auf die Diele stürzte, wurden wir uns bewußt, in welcher Gefahr wir »schwebten«. Dennoch erwirkten wir oft die Erlaubnis, uns für einen ganzen Abend auf dem ersehnten Plätzchen niederzulassen. Der Ofen bildete dort oben ein geräumiges Viereck, in dem man nicht stehend, sondern bloß sitzend oder liegend Platz hatte. Denn die Decke war sehr niedrig.

In den Zimmern unten ging es ziemlich lebhaft zu. Nachdem man den Tee und das Dessert eingenommen hatte, wurde noch viel von Geschäften gesprochen.

Es war ein reges Treiben, und die Ruhe kehrte erst wieder bei uns ein, wenn der Großvater alle Geschäfte geordnet hatte. Der Großvater hatte die Ausführung der Festungsbauten in Brest übernommen, für die mein Vater viele, viele Millionen mit seinen Initialen J. E. gestempelter Ziegel liefern mußte. Wir bekamen zum Abschied schöne Gold- und Silbermünzen. Der Großvater reiste ab. Im Hause wurde es wieder still wie nach einer Hochzeit in den vierziger Jahren (nicht etwa wie nach einer in den achtziger Jahren!).

Kurze Zeit darauf nahte ein neuer, lieber Gast — das Makkabäerfest (Chanuka) mit all seinen munteren und aufregenden Ereignissen. Schon am Sonnabend vorher mußte die Chanukalampe geputzt bereit stehen. Beim

Putzen waren wir Kinder zugegen, beschauten jedes einzelne Teilchen und ergötzten uns daran. Die Lampe war aus Silberdraht geflochten und hatte die Form eines Sofas. Die Lehne trug einen Adler, über welchem ein Vögelchen in natürlicher Größe mit einer Miniaturkrone auf dem Köpfchen saß. An beiden Seiten des Sofas befanden sich kleine Röhren, in denen Wachskerzchen staken, während auf dem Sitze acht Miniaturkrügchen standen, die Öl enthielten — zur Erinnerung an den kleinen Ölkrug, den man einst, wie die Sage erzählt, im Tempel zu Jerusalem nach der Vertreibung der Feinde durch die Makkabäer gefunden und der für volle acht Tage zur Beleuchtung des Tempels hingereicht hatte. Zur Erinnerung an dieses Wunder feiern die Juden alljährlich auch durch Anzünden von Lichtern und Öllampen das Makkabäerfest, das in erster Reihe ein Siegesfest ist. — Der erste Chanuka-Abend wurde von uns Kindern mit Herzklopfen erwartet. Der Vater verrichtete sein Abendgebet, während unsere Mutter in das erste Krügchen Öl eingoß, den Docht in die Röhrchen einzog, zwei Wachskerzen in die zu beiden Seiten befindlichen kleinen Leuchter und einen in die Krone des Vögelchens steckte. Wir Kinder standen um sie herum und verfolgten jede ihrer Bewegungen mit Andacht! Der Vater vollzog die rituelle Handlung: das Anzünden des ersten Lichtes an der Chanukalampe. Er sprach das vorgeschriebene Gebet, steckte dabei ein dünnes Wachskerzchen an, womit er im ersten Ölkrügchen den Docht anzündete. Jetzt begann der Feierabend, denn arbeiten durfte man nicht, so lange das Öl im Krügchen brannte.

War das ein Jubel bei uns Kindern! Denn auch wir durften an diesem Abend Karten spielen. Wir holten unsere paar Kupfermünzen hervor und hielten uns für Millionäre. Wir setzten uns um den Tisch, und unsere kleinen Cousinen gesellten sich auch zu uns. Indes bildeten unsere Eltern, die erwachsenen Geschwister und einige Bekannte, die zu Besuch gekommen waren, einen größeren Kreis. Am fünften Abend dieser Woche sandte meine Mutter Einladungen an alle unsere Verwandten und Bekannten. An diesem Abend erhielten wir Kinder auch von der Mutter das so sehnlich erwartete Chanukageld, das gewöhnlich in neun glänzenden Kupfermünzen bestand. Man blieb an diesem Abend später auf als gewöhnlich, spielte auch länger Karten, und es wurde ein reiches Abendbrot geboten, bei dem die sogenannten Latkes[B] das Hauptgericht bildete. Latkes sind eine Art Flinsen aus Buchweizenmehl mit Gänsefett und Honig; sie werden aber auch aus Weizenmehl mit Hefe, eingemachten Früchten und Zucker zubereitet und sind sehr schmackhaft. Als Getränk gab es eine Art Kaltschale, aus Bier, Öl und ein wenig Zucker bestehend. Dazu kam Schwarzbrot, klein geschnitten, mit Zucker und Ingwer bestreuter Zwieback. Gänsebraten wurde gereicht mit allen möglichen Beilagen, gesalzenen und sauren, unter denen der Sauerkohl und die Gurken nicht fehlen durften. Endlich ein reiches Dessert von Konfitüren und Früchten, wobei Keller und Vorratskammer viel einbüßten. Die Gäste musterten, beurteilten und lobten die Speisen.

Das Ergebnis des Kartenspielens konnte man auf unseren Gesichtern lesen; mancher verlor sein ganzes Chanukageld und bemühte sich, die Tränen zu verbergen. Es blieb nur ein Trost: die Hoffnung, daß solche Spielabende sich wiederholen werden. Dann wandte sich das Glück und füllte wieder die leere Börse.

An solchen Abenden stellte mein Vater sogar das »Lernen« im Talmud ein und gesellte sich zu den Spielenden, obgleich er, wie meine Mutter, keine Idee vom Kartenspiel hatte. Sehr beliebt war auch das »Dreidlspiel«, auch goor genannt. Das Dreidl wurde eigens aus Blei gegossen. Es hat eine würfelähnliche Form. Unten war eine Spitze, so daß der

»Apparat« wie ein Kreisel gedreht werden konnte. Auf jeder der Seitenflächen war ein Buchstabe markiert. Fiel das Dreidl auf נ, so hatte der Spieler verloren. Bei ש blieb der Einsatz stehen. Fiel es auf ה, so konnte er die Hälfte des Einsatzes nehmen. Wenn das Dreidl aber auf ג fiel, so war »goor«; der Würfler konnte den ganzen Einsatz einstreichen.

Nach der Chanuka-Woche kam das Leben in unserem Hause wieder ins alte Geleise. Es sei denn, daß Einquartierung die Ruhe wieder störte: Besuch eines hochgestellten Militär- oder Zivilbeamten. Die Festung in Brest besaß damals noch keinen Palast, und das Haus meiner Eltern war reich und bequem eingerichtet. Der damalige Kommandant Piatkin, der mit meinem Vater befreundet war, pflegte hohe Gäste in unserem Hause einzulogieren. Mancher kann ich mich noch sehr gut erinnern, z. B. des Fürsten Bebutow aus Grusinien im Kaukasus, der später in Warschau einen hohen Posten bekleidete. Er wohnte sehr lange bei uns, war zu uns Kindern freundlich und gegen alle sehr zuvorkommend. Oft brachte er uns, während wir im Blumengarten vor den Fenstern spielten, Bonbons und Honigkuchen, und unterhielt sich mit uns gemütlich in russischer Sprache. Er hatte einen Diener, der Johann hieß. Er war lang und hager, hatte eine Habichtsnase und mandelförmig geschnittene, schwarze, glühende Augen, kletterte wie eine Katze bis zur äußersten Spitze der höchsten Pappel, machte kunstvoll die Dschigetowka burduk, indem er sich von seinem im raschesten Lauf hinstürmenden, feurigen Pferde bis zur Erde herabneigte, um eine kleine Münze aufzuheben. Er war recht jähzornig; man durfte ihn nicht reizen oder ihm in den Weg kommen, wenn er aufgeregt war, denn er führte immer einen Dolch bei sich. So hat er einen Hund, der ihm einmal vor den Füßen lief, mit dem Dolch entzwei gehauen. Ein anderes Mal hat er einen Hahn im Fluge aufgefangen und ihm mit den Händen den Kopf vom Rumpfe heruntergerissen. Wir Kinder fürchteten ihn sehr.

Der zweite Gast, dessen ich mich noch entsinnen kann, war der damalige Gouverneur von Grodno, Doppelmeyer, der oft nach Brest kam und stets bei uns wohnte. Er war ein sehr leutseliger, starker, blonder Herr, der bei uns als guter Freund aufgenommen wurde. Er hielt es für seine Pflicht, meinen Eltern, so oft er kam, eine Visite zu machen. Geschah dies an einem Freitag Abend, so wurde er mit einem Stück Pfefferfisch regaliert, den er mit großem Appetit verzehrte. Auch dem schönen geflochtenen Schabbes- (Sabbat) Strietzel ließ er volle Gerechtigkeit widerfahren. Es muß ein wohlgefälliges Bild gewesen sein, wenn alle meine Geschwister mit ihren jungen, blühenden Gesichtern und meine Eltern um den Tisch saßen. Denn der Gouverneur sagte viel Schmeichelhaftes darüber und beglückwünschte meine Eltern. Er unterhielt sich mit meinem Vater über mancherlei ernste Angelegenheiten und blieb plaudernd bis zum Ende der Mahlzeit: Der Verkehr zwischen Juden und Christen war damals noch nicht durch den Antisemitismus vergiftet ...

Unter den Gästen meines Vaterhauses war auch ein kleines, jüdisches Männchen, das alljährlich im Hochsommer zu uns kam und einige Wochen bei uns weilte. Er gehörte der Sekte »Dower min hachai« an, d, h. die nichts vom Lebendigen Genießenden; die man jetzt Vegetarier nennt. Er hielt diese Vorschriften aber so strenge inne, daß er nicht einmal von dem Geschirr aß, das auch nur einmal zu Fleischspeisen benutzt worden war. Meine fromme Mutter pflegte selbst für ihn die Speisen zuzubereiten, eine Suppe aus sauren, roten Rüben oder Sauerampfer, Grützbrei ohne jeden Fettzusatz, nur mit etwas Baumöl zubereitet; ferner Nüsse in Honig, oder Rettig in Honig mit Ingwer gekocht, Tee und schwarzen Kaffee. — Er war ein stiller, höchst bescheidener Mann und wurde von uns allen sehr verehrt, insbesondere auch von meinem Vater, der mit ihm in seinem Kabinett über die Folianten gebeugt zu sitzen und zu disputieren pflegte.

Das Leben im Winter hatte für mich einen besonderen Reiz. Gerade wenn es tüchtig schneite, liebte ich es, draußen herum zu spazieren. In der Dämmerstunde, wenn ich zu frieren anfing, schlich ich mich in den »Flügel«, so hieß das Seitengebäude im Hofe, wo meine verheirateten Schwestern mit ihren Männern und Kindern lebten. Mein Besuch dort galt der Njanja (Kinderwärterin) des kleinen Sohnes meiner Schwester. Die Njanja erzählte mir oft sehr interessante Märchen und sang sehr schöne Liedchen. Ich fand sie gewöhnlich an der Wiege sitzend, die sie mit einem Fuß in Bewegung hielt, während ihre gerunzelten, blau-gelben Hände an einem dunkelgrauen, groben Wollstrumpf strickten. Ich kroch mit Händen und Füßen auf das Bett, auf dem sie saß, und bat mit allerlei Schmeichelworten, sie solle mir den Strumpf zum Stricken geben.

»Nein«, grinste sie, »du wirst wie gestern nur wieder die Maschen fallen lassen. Geh weg von mir!«

»Chainke, Jubinke«, begann ich aufs Neue, »wenn Ihr mir nicht den Strumpf gebt, so singt mir von den Liedelach, die Ihr singt, wenn Ihr Berele einschläfert.«

Grämlich antwortete sie: »Mir ist nicht zum Singen.«

»Seid Ihr krank, Chainke?« fragte ich sie besorgt.

»Laß mich in Ruh«, schrie sie aufspringend. Aber ich ließ mich von dieser ihr eigenen Laune nicht abschrecken und wiederholte meine Bitte, die ich durch Küsse ihrer faltigen Wangen und Streicheln ihres runzeligen Halses unterstützte.

»Mischelaches!« (Gottesplage) schrie sie auf, »um von dir poter zi weren (um dich los zu werden), werd' ich dir schon singen.«

Ich setzte mich zurecht, als ob sie ohne meine Vorbereitung nicht singen könnte und lauschte.

Und sie sang:

36

»Patschen, patschen Küchalach,
Kaufen, kaufen Schichalach,
Schichalach kaufen,
In Cheider (*Schule*) wet das Kind laufen,
Laufen wet es in den Cheider,
Lernen wet es gur Kiseider (*der Reihe nach*)
Wet es oblernen etliche Schures (*einige Zeilen*)
Wet man heren gute Bsures (*gute Nachrichten hören*)
Bsures toiwes (*gute*) zu zuheren
Abi dem Oilom (*Publikum*) a Eize zu geben (*Rat zu geben*),
Eine Eize zu geben mit viel Mailes (*gute Eigenschaften*)
Wet das Kind paskenen Scheiles (*Fragen über koscher und treife
    und andere talmudische Fragen entscheiden*)
Scheiles wet es paskenen.
Drosches wet es darschenen (*talmudische Reden halten*)
Wet men ihm schicken die gildene Pischkele, (*wird man ihm
    schicken eine goldene Dose*)
Un a Streimele (*Festtagspelzmütze*)«

»Ach, wie schön, wie schön«, rief ich, Beifall klatschend,
»Aber Ihr werdet mir noch, Chainke, ein zweites Liedele
singen.«
»Was is dus heint far a Mischelaches (*Gottesplage*) auf mir
gekummen!« Sie sprang schreiend auf vom Sitz, so daß eine
Stricknadel in die Wiege fiel und die Maschen von ihr
herabglitten. Nun zweifelte ich nicht, daß ich heute nichts
mehr zu hören bekommen würde. Ich blieb still sitzen, bis
sie brummend und grimmig den Strumpf in Ordnung
gebracht hatte; sie sah mich mit wütenden Blicken von der
Seite her an, als verstände es sich von selbst, daß ich Schuld
an dem Unfall hatte. Ich regte mich nicht. Und da sie in
meinen Mienen das Bekenntnis meiner Schuld fand, wurde
sie wieder versöhnt. — Freilich trug auch mein Versprechen,

ihr etwas von meinem Vesperbrot zu bringen, zur Besserung ihrer Laune bei. Um mich los zu werden, sang sie mir noch ein zweites Lied:

»Schlaf mein Kind in Ruh,
Mach deine koschere (*reine*) Äugelach zu.
Unter dem Kinds Wiegele
Steht a weiße Ziegele,
Die Ziegele is gefohren handeln,
Rosinkes (*Rosinen*) mit Mandeln.
Das is die beste S'choire (*Ware*)
Berele wird lernen Toire
Toire, Toire im Kepele (*Köpfchen*)
Kasche (*Brei*) Kasche im Tepele (*Töpfchen*)
Broit (*Brot*) mit Butter schmieren
Der Tate (*Vater*) mit der Mame (*Mutter*) Berele zu der Chupe
   (*Trauung*) führen.«

Es ist bezeichnend, daß der Jude damals selbst in den Wiegenliedern nur vom Thoralernen, Cheidergehen phantasierte — und nicht von Jagd, Hunden, Pferden, Dolchen, Krieg.

Chainke begeisterte sich an ihrem Gesange selbst recht sehr und sang mir noch mehrere Liedchen. Eins möchte ich hier noch anführen:

Zigele, migele
Wachsen im Krigele
Roite Brenselie
As der Tate schlugt die Mamme
Reissen die Kinderlach Krie —

Zigele, migele
Wachsen im Krigele
Roite Pomeranzen
As der Tate kuscht die Mamme,
Gehen die Kinderlach tanzen.

Sicher animierte sie zu dieser Zugabe die Aussicht auf mein Vesperbrot. Inzwischen war es recht dunkel geworden. Ich lief eilig über den Hof ins Hauptgebäude zurück, wo meine Geschwister schon tüchtig dem Vesperbrot zusprachen. Unser Kindermädchen Marjascha konnte mit dem Brotschneiden und dem Aufstreichen von eingemachten Stachelbeeren — unserem Lieblingsgericht — gar nicht fertig werden. Ich bekam meinen Teil und husch! war ich schon wieder auf dem Wege zum Flügelgebäude, wo ich von der mir jetzt geneigten Sängerin viel freundlicher als zuvor behandelt wurde. Und wir verzehrten gemeinschaftlich mit Behagen den Leckerbissen..... —

.... Die größere Hälfte des Winters war vorüber, und das Purimfest mit seinen aufregenden Freuden, mit den vielen Beschenkungen stand vor der Tür. Damals war es unerläßlich, für unsere Cousinen und Nichten Handarbeiten zum Scholachmones (gesandte Geschenke) anzufertigen. Wir arbeiteten Tage und Nächte mit großem Eifer, und als nun alles fertig war, ergötzten wir uns bei dem Gedanken, wie die Beschenkten vor Bewunderung beinahe neidisch auf unsere Geschicklichkeit sein würden. Der ersehnte Purimtag rückte immer näher. Am Vortag war

Esthertanes (der Königin Esther Fasttag), an dem alle älteren Familienmitglieder fasteten. Schmackhafte Purimbäckereien wurden von meinen Schwestern im Hause bereitet. Die Hauptrolle spielten die Hamantaschen (dreieckige Mohnkuchen) und die Monelach (in Honig gekochter Mohn). Gerieten sie gut, so versprach man sich ein gutes Jahr. Wir Kinder durften auch bei dieser Arbeit helfen, konnten wir doch bei dieser Gelegenheit nach Herzenslust naschen. Der ganze Tag verging ohne die üblichen Mahlzeiten. Aber wie groß war die Lust, sich am Abend unter die großen mischen zu dürfen und die gebackenen, gebratenen und gekochten Herrlichkeiten verzehren zu können! Und erst die freudige Aussicht auf den nächsten Tag! Am Abend wurde zu Hause gebetet. Nachher fand sich eine zahlreiche Gesellschaft aus der Nachbarschaft ein. Hierauf wurde die M'gilla Esther (das Buch Esther) vorgelesen. Und so oft der verhaßte Name Haman vorkam, stampften die Männer mit den Füßen, und die Jugend lärmte mit den schrillen Gragers (Schnarren). Mein Vater ärgerte sich darüber und verbot es. Aber es half nichts: jedes Jahr tat man es wieder.

Erst nach dem Ablesen der M'gilla, das oft bis acht oder neun Uhr abends dauerte, begab man sich ins Eßzimmer, und ließ sich die appetitlichen Speisen, die in reicher Fülle auf dem Tisch standen, gut schmecken. Jeder bediente sich, so rasch er konnte, um den laut protestierenden Magen, der doch mehr als 20 Stunden keine Nahrung erhalten hatte, zu befriedigen.

Am frühen Morgen des darauffolgenden Tages konnten wir Kinder vor Aufregung nicht mehr schlafen und riefen einander noch in den Betten zu: »Was ist heute?« — »Purim!« lautete die frohlockende Antwort. Und nun kleidete man sich so rasch wie möglich an. Die freudige Erwartung verwandelte sich in Ungeduld. Wir wünschten, der Morgen möge doch endlich schon zum Nachmittag werden, da wurden ja die Scholachmones abgeschickt und empfangen.

Mein Vater und die jungen Leute kamen aus dem Bethause, wo ein Halbfeiertagsgottesdienst abgehalten und wieder die M'gilla vorgelesen worden war. Das Mittagmahl wurde zu früher Stunde genommen (es bestand aus den vier traditionellen Gängen: Fische, Suppe mit den unvermeidlichen Haman-Ohren, d. h. dreieckige Kreppchen, Truthahn und Gemüse), um die zweite Mahlzeit, die Sude (Festmahl), die eigentlich am Purimfest die Hauptrolle spielte, noch vor Abend beginnen zu können. Dabei gibt sich der Jude, — so will es der Gebrauch — der wahren oder der vermeintlichen Freude hin und darf sich einen kleinen Rausch antrinken. So viel ich mich zu erinnern weiß, ist jeder Jude an diesem Tage munter und fröhlich, er gönnt sich gutes Essen und Trinken und bemüht sich schon Tage vorher, für den Schmaus viel Geld aufzutreiben.

Uns Kinder beschäftigte nur der Gedanke an das Abschicken und Empfangen des Scholachmones. Endlich kam die wichtige Stunde, da alle fertigen Geschenke auf ein Teebrett gelegt wurden. Dem Dienstmädchen wurde eingeschärft, welches Geschenk für den und jenen bestimmt sei. Mit besorgter, vor Aufregung bebender Stimme wurde ihr verboten, sich unterwegs aufzuhalten oder mit jemand zu sprechen, nicht einmal im Vorübergehen. Sie sollte direkt zu unseren Tanten gehen. Selbst die Art, wie sie das Teebrett mit den Geschenken auf den Tisch setzen müsse, und wie sie jedem sein Geschenk auszuhändigen habe, wurde ihr genau angegeben. Dabei stellten wir uns lebhaft die Ausrufe des Entzückens vor, die unsere Arbeiten hervorlocken würden. Und wir zeigten wiederholt dem Mädchen jedes Stück. Endlich ging das Mädchen fort und gelangte glücklich an Ort und Stelle.

»Bist du von den Kindern der Muhme geschickt?« eilten dem Mädchen dort die Kinder, hastig fragend, entgegen — denn ebenso wie bei uns, war man auch dort aufgeregt und ungeduldig gewesen.

»Ja!« stammelte das bestürmte Mädchen, das kaum die Wohnstube erreichen konnte, da ihr alle lärmend und fragend folgten. Sie bemächtigten sich endlich des Tablettes, stürzten sich auf die Geschenke, um alles zu besichtigen, zu beurteilen und zu bewundern. Das unbeholfene Mädchen tat nicht so, wie wir befohlen hatten, da sich die Beschenkten die Sachen, ohne zu fragen, selber nahmen. Dann machten sich die Kinder daran, die für uns bestimmten Geschenke abzusenden. Das geschah in der nächsten Viertelstunde. Die arme Botin aber, welche mit solchem Jubel empfangen worden war, ging fast unbemerkt, ganz still fort und wurde von uns dann mit der gleichen Ungeduld und Spannung ausgefragt, ob man drüben sehr erstaunt gewesen, und welche Meinung über unsere Geschenke geäußert worden sei. Nun empfingen wir von unseren Cousinen die Gegengeschenke, welche unsere Erwartungen weit übertrafen oder — auch nicht. Bei ihrer Entgegennahme mußten wir an uns halten, ruhig zu bleiben. Wir durften uns vor der Botin nicht so ungeduldig und so neugierig zeigen, wie wir es tatsächlich waren; denn die Mutter hatte uns streng befohlen, ein ruhiges, würdiges Benehmen an den Tag zu legen.

Inzwischen wurden allerhand Purimspiele (Szenen aus der biblischen Geschichte, hauptsächlich aber mit einem Motiv aus dem Buch Esther) vorgeführt. Die erste Szene brachte das Achaschweros (König Artaxerxes)-Spiel nach der Migilla, diejenige, in der der König, Haman, Mardechai und die Königin Esther die Hauptrollen hatten. Gewöhnlich gab ein junger Bursche in Damenkleidern die Königin Esther, die von uns mit neugierig erregten Augen verfolgt und angestaunt wurde. Die Kleidung der anderen Darsteller zeichnete sich nicht durch besondere Reinlichkeit und Eleganz aus. Der dreieckige Hut mit dem Federbusch, die

Epauletten und das Portepee waren aus dunkelblauem und weißgelbem Pappendeckel verfertigt. Die Aufführung dauerte länger als eine Stunde, und wir folgten ihr mit dem größten Interesse. Dann kam das Josefsspiel, dessen interessanteste Szenen der Bibel entlehnt sind. Bei allen Stücken wurde viel gesungen. Ich erinnere mich genau der Melodieen — und des komischen Tanzes, den Zirele Waans, eine Frau aus dem Volke, und ein armer Mann, Lemele Futt, aufführten. Sie tanzten und sangen dazu im Jargon. Wir kicherten heimlich über die grotesken Gestalten und ihre eckigen Bewegungen.

Am amüsantesten für uns Kinder war das sogenannte Lied von der Kose (Ziege). Ein Fell mit einem Ziegenkopf wurde von einem Mann, der darin stak, auf zwei Stöcken gehalten. Der Ziegenhals war mit allerlei bunten Glasperlen und Korallen, Silber- und Messingmünzen, Schellen und noch vielem anderen schimmernden, blinkenden Zeug behangen. Auf den beiden Hörnern waren zwei größere Glöckchen befestigt, die bei jeder Kopfwendung schrill erklangen und sich mit dem anderen bimmelnden Tand zu einer seltsamen »Musik« vereinigten. Der gute Mann im Ziegenfell machte allerhand Bewegungen, er tanzte, sprang hoch und nieder. Das Singen besorgte mit lustiger, heiserer Stimme der Führer der Kose (Ziege).

Das Liedchen lautet:

Afen hoichen Barg, afen grünem grus, (*gras*)
Stehn a por Deutschen mit die lange Beitschen.
Hoiche manen seinen mir
Kürze kleider gehen mir.
Owinu Meilach (*Unser Vater, König*)
Dus Harz is üns freilach. (*fröhlich*)
Freilach wellen mir sein
Trinken wellen mir Wein.
Wein wellen mir trinken
Kreplach wellen mir essen
Un Gott wellen mir nit vergessen.

Der Sänger war ein hagerer, langer, blonder Bursche, der das ganze Jahr in unserer Ziegelfabrik Lehm transportierte und den Spitznamen die »Kose« trug. Für uns kleine Kinder war das Schauspiel voller Ergötzlichkeiten. Aber wir konnten uns dennoch eines gewissen Angstgefühles nicht ganz erwehren und flüchteten uns auch bald, nachdem sie erschienen, auf den Ofen im Eßzimmer, von dem aus wir die Vorgänge mit mehr Sicherheit überschauen konnten. Und da sahen wir mit Interesse, wie »die Kose« ein Glas Branntwein hinuntergoß, das unsere Mutter ihr an den Mund gebracht hatte, dann steckte die Mutter ihr einen großen Purim-Mohnkuchen in den Mund, welchen die Kose, wie uns schien, im Nu verschluckte. Zu einer festen Ansicht, ob es denn wirklich eine Ziege war, oder ob ein Mensch darin stak, kamen wir nicht. Die Sache erschien uns durchaus rätselhaft....

Der Scherz wurde laut belacht, und der Lehmführer wurde mit einem guten Trinkgelde verabschiedet, wofür er mit komischen Gebärden dankte und alle segnete. Die vorgeführten Szenen fanden im Speisezimmer statt und wurden durch die vielen Boten, die Scholachmones brachten, oft unterbrochen. Die Boten harrten der Aufträge meiner Mutter, welche für die Abschickung der Gegengeschenke Anordnungen traf. Auf dem langen Tisch befanden sich verschiedene Sorten teuren Weines, englisches Porter, die besten Liköre, Rum, Kognak, Bonbons, Apfelsinen, Zitronen, marinierter Lachs. Diese edlen Dinge verteilte meine Mutter und meine älteren Schwestern unaufhörlich auf Teller, Schüsseln und Tablette. Es gab kein bestimmtes Maß, keine bestimmte Zahl. Eine Sendung bestand gewöhnlich aus einer Flasche Wein oder englischem Porter und einem Stück Lachs, aus Fischen und einigen Apfelsinen oder Zitronen. Ein so zusammengestelltes Geschenk war zumeist einem Herrn zugedacht. Die Geschenke für Frauen bildeten Kuchen, Früchte und Bonbons. Die Leute niederen Standes erhielten Honigkuchen, Nüsse, Äpfel auf einem Teller, der mit einem roten Taschentuch überdeckt war, dessen Enden nach unten zusammengeknotet wurden. Ich erinnere mich lebhaft eines aufregenden Vorfalles am Purim. Meine Mutter hatte vergessen, einem Hausfreunde Scholachmones zurückzuschicken.[C] Das fiel ihr erst spät nachts ein, und sie konnte vor Ärger darüber nicht einschlafen. Am frühen Morgen kleidete sie sich rasch an und begab sich zu dem Freunde, um ihn um Verzeihung zu bitten und zu beteuern, daß der Irrtum nicht aus Geringschätzung, sondern aus Vergeßlichkeit geschehen wäre. Die Versicherung war nötig, denn der Freund hatte sich tatsächlich zurückgesetzt und verletzt gefühlt. Von solcher Wichtigkeit und Bedeutung war damals jeder jüdische Gebrauch!

Die Boten kamen und gingen, und so verflossen die Nachmittagsstunden von eins bis sechs Uhr, die uns Kindern lauter Naschwerk und Leckerbissen brachten. Diese Zeit pflegte der Vater für sein Nachmittagsschläfchen zu verwenden. Als er aufstand, erwartete ihn bereits der dampfende Samowar mit dem duftenden Tee auf dem Tisch. Sodann verrichtete er das Vorabendgebet. Denn die Sude

(Festmahl) stand nahe bevor. (Nach der Vorschrift muß diese noch vor Abend beginnen.)

Der große Kronleuchter im gelben Salon wurde angesteckt. Alle Wachskerzen in den Wandleuchtern brannten. Auch die übrigen Zimmer waren hell erleuchtet. Die Tafel wurde aufs neue mit allen erdenklichen kalten, schmackhaften Speisen besetzt. Besondere Sorgfalt wurde an diesem Abend auf die Getränke verwendet, was in unserem Hause sonst nicht üblich war. Fast schien es, als sähe es unser Vater als gutes und gottgefälliges Werk an, wenn sich jemand am Purim ein Räuschchen antrank.

Wir Kinder führten an diesem Abend eine Posse auf, in der meine ältere Schwester und ich die Kleider der Njanja und der Köchin benützten. Sie waren natürlich zu lang und zu breit und schleppten nach. Meine Schwester stellte eine Mutter dar, ich ihre Tochter, deren Gatte sie mit einem Kinde in Armut verlassen hatte. Gute Menschen sollten uns nun helfen, den Mann aufzusuchen, denn sonst mußte ich eine »A g u n e« bleiben (d. h. ich durfte nicht mehr heiraten) und mußte seine Rückkehr abwarten. Auf die Frage, woher wir kämen, hatten wir mit verstellter Stimme geantwortet: »Aus Krupziki.« Unser Benehmen und unsere Haltung waren so ruhig und ernst, daß selbst unsere Mutter uns im ersten Augenblick nicht erkannte, geschweige die Gäste. Der Vater rief aus: »Wie hat sich der Diener unterstanden, diese Leute ins Speisezimmer hereinzulassen, worin Gäste sind? Was ist das für eine Belästigung?« Wir baten um Almosen in Geld oder in Speisen, wir wären hungrig und hätten heute noch nichts gegessen — das alles sprachen wir im echtesten Jargon. Unsere Bitte um Speise und Trank wurde bald erfüllt, man lud uns ein, am Tisch Platz zu nehmen. Wir taten es mit gespielter Befangenheit, und wir begafften und bewunderten alles, was man uns vorsetzte und sparten nicht mit Seufzern, was die Tischgenossen zum Kichern brachte. Wir waren so gut vermummt, der abenteuerliche

Kopfputz war so tief in die Stirn gerückt, daß wir den Scherz unerkannt bis zu Ende führen konnten.

Wie ich mich seit meiner zartesten Jugend bis in die späteste Zeit erinnern kann, wurde am Purimfest bei uns zu Hause immer bis zum Tagesanbruch viel gegessen, getrunken und gelacht. Es herrschte Heiterkeit bis zur Ausgelassenheit. Alle sonst verbotenen Streiche und Possen waren gestattet. Jede Disziplin bei Tische war aufgehoben. Das Fest ließ die beste Erinnerung zurück und auch greifbare Andenken: eine hübsche Halsbinde, ein kleines Parfum-Flacon, das man immer wieder in den Händen hin- und herwandte, um das Etikett, das man schon auswendig kannte, wieder mit erneutem Vergnügen zu lesen. Lange wurde das Fläschchen in der Kommode verwahrt, bis es bei einer wichtigen und passenden Gelegenheit zur Benutzung kam.

Schon am darauffolgenden Tage, am Schuschan-Purim, hielt meine Mutter mit der Köchin langen Rat über die großen Vorbereitungen zum Pesach (Osterfest). Die wichtigste Speise, rote Rüben zum Einlegen für den »Borscht« in einem »gekascherten« Faß, wurde schon an diesem Tag angesetzt. Nach einigen Tagen erschien auch schon Wichne, die Mehlverkäuferin, in ihrem unvermeidlichen Pelz und brachte allerlei Mehlproben für die Mazzes. Meine Mutter beriet sich mit meiner älteren Schwester beim Prüfen des Mehles, man knetete aus den Proben einen Teig und buk kleine dünne Plätzchen, bis die Wahl auf eine erprobte Mehlgattung fiel. Einen Tag vor Rosch-Chodesch (Neumond) Nissan mußte meine ältere Schwester einen Sack nähen (denn die Mutter traute der Köchin nicht, daß sie das auch genügend sauber machen würde) und das mußte vorsichtig in einer gewissen Entfernung von Brot oder Grütze geschehen: Meine Mutter war in allen diesen Vorbereitungen zum Osterfest so peinlich, daß die Köchin darob oft außer sich geriet und grob wurde.

Meine älteren Schwestern bereiteten für die Feiertage

moderne, hübsche Putzsachen vor. Schneider, Schuster und Putzmacherinnen fingen an, häufige Besucher in unserem Hause zu werden, mit denen die Saisonangelegenheiten gar oft überlaut erörtert wurden. Rosch-Chodesch Nissan rückte heran, und nun begann man mit dem Backen der Mazzes. Diese Arbeit bildete eine Aufgabe in der häuslichen Wirtschaft, mit der sich alle Hausgenossen, selbst Vater und Mutter, beschäftigten. Schon am Vortage, ganz früh am Morgen, erschien Wichne, die Mehlfrau, mit dem Säckel Mehl unter dem Pelz, der diesmal vorn mit einer langen, bis an den Hals reichenden Schürze bedeckt war. Den weißen, aus dünner Leinwand verfertigten Sack brachte meine Schwester ins Speisezimmer, wohin auch Wichne mit dem Mehl folgte. Wir Kinder durften natürlich auch da nicht fehlen, um andächtig die abgemessenen Töpfe Mehl mitzählen zu helfen. So und so viel Töpfe wurden gezählt; der Sack wurde verbunden, in einen Winkel des Eßzimmers gestellt, und sehr sorgfältig mit einem weißen Leintuch bedeckt. Uns Kindern wurde streng verboten, mit Brot oder sonstigen Speisen in die Nähe zu kommen, was wir ganz begreiflich fanden. Am nächsten Morgen erschien das unentbehrliche Faktotum, die Aufwartefrau, die den Spitznamen Meschia Cheziche führte, dieselbe, die schon zu Beginn des Herbstes als Aufseherin bei allen häuslichen Arbeiten fungierte. Ihr ganzes praktisches Wissen bewährte sich hauptsächlich beim Einlegen von Kohl und beim Einkellern von Gemüse. Sie lebte mit ihrem Mann in einer Lehmhütte bei unserer Ziegelfabrik, für die er Lehm transportierte, hielt sich aber die meiste Zeit bei uns auf. Sie war wirklich eine treue Seele, die sich für jedes von uns Kindern aufgeopfert hätte. Ich sah sie nie anders als in einem zerlumpten, blaugestreiften Kattunkleid und in einem Paar sehr großer Schuhe, die ihr bei jedem Schritt von den auch im Sommer beinahe erfrorenen Füßen herabfielen. Das braun-blau erfrorene Gesicht, war mit einem ehemals weißen Kattuntuch umwickelt, ein schmaler roter Wollstreifen um die Stirn gebunden und zwei Enden eines Schleiers hingen wie Flügel im Nacken. Die kleinen, tief in den Kopf gesunkenen matten Augen drückten immer Wohlwollen und Dankbarkeit aus. Der ungeheuer breite Mund mit den schmalen Lippen schien nur die Worte sprechen zu können: »Gute Leut', erwärmt mich und gebt mir etwas zu essen.«

Meine Schwestern ließen jeden Herbst einen wattierten Rock und andere warme Kleidungsstücke für sie anfertigen. Es scheiterte aber jeder Versuch, dieses gänzlich durchfrorene Wesen zu erwärmen. Also Meschia Cheziche kam; zuerst erhielt sie in der Küche einen Teller voll heißer Grützsuppe, und nachdem sie gesättigt war und sich etwas erwärmt hatte, schlich sie zur Tür des Speisezimmers, streckte den Kopf zur halbgeöffneten Tür herein und meldete sich. Meine Mutter befahl ihr, sich ordentlich zu waschen; dann zog man der hageren Gestalt ein langes, weißes Hemd über ihre Kleider und der Kopfputz wurde mit einem weißen Leinentuch, das auch den breiten Mund bedeckte, umwunden. In diesem Aufzug, der ihr ein gespensterhaftes Aussehen verlieh, mußte sie nun das Mehl für die Mazzes durchsieben. Nachdem sie meine Mutter mit den Worten gesegnet hatte: »Derlebts über a Juhr (künftiges Jahr) mit Eurem Mann und Kinderlach in großen Freuden!« begann sie ein Sieb nach dem anderen auf den vorbereiteten Tisch zu schütten. Welch ein ergötzlicher Anblick, diese Erscheinung bei der Arbeit zu sehen! Wir Kinder standen in gemessener Entfernung und sahen aufmerksam zu. Meschia Cheziche war das Sprechen streng untersagt, damit kein Tröpfchen aus ihrem Munde in das Mehl falle. Nach beendigter Arbeit blieb sie die Nacht in der Küche, und am frühen Morgen scheuerte sie die großen roten Kisten, in denen das ganze Jahr reine Wäsche aufbewahrt wurde, und, obgleich sie nie mit Speisen in Berührung kamen, faßte sie mit kräftigen Händen an und wusch sie gründlich, damit sie in tadelloser Reinheit die Mazzes aufnähmen. Dann kamen die Holztische und die Bänke an die Reihe, die ebenfalls die Kraft des von Meschia Cheziche geführten Scheuerbesens zu fühlen bekamen. Auch die vielen Dutzende Rollhölzer, Blechplatten, die ebenso gründlich gereinigt wurden, wurden nicht verschont. Erbarmungslos rieb und scheuerte man auch zwei große Messingbecken, legte rotglühende Eisenstäbe darein und schüttete erst kochendes, dann kaltes Wasser so lange darauf, — ein solches Reinigen nennen die Juden. »Kaschern« — bis das Wasser überlief; später wurden sie noch einmal gescheuert und dann blank geputzt, daß sie funkelten.

Das Wichtigste beim Mazzesbacken ist das Wasserholen vom Brunnen oder Fluß, was als große Mizwe (gottgefällige Handlung) gilt. Das Geschirr zum Mazzeswasser besteht aus zwei großen Holzschaffeln, die mit grauer Leinwand überspannt waren, einem Eimer mit einem großen Schöpfer und zwei großen Stangen. Das fehlende Geschirr wurde natürlich neu ergänzt. Nachdem noch die große Küche im Hof gereinigt, die Ziegel des Backofens durchglüht und »gekaschert« waren, wurde viel trockenes, harziges Holz, das unser bewährter alter Wächter Feiwele den ganzen Winter über zu diesem Zweck gesammelt hatte, in die Küche gebracht. Am Vorabend vor Rosch-Chodesch Nissan gab es im Hof vor dem Brunnen oder am nahen Fluß ein seltsames Schauspiel: Mein Vater, meine Schwäger begaben sich in eigener Person, die Wasserschaffeln auf den langen Stangen tragend, zum Brunnen oder Fluß, um Wasser zu holen und es nach der großen Küche zu bringen, wo die Schaffeln auf eine mit Heu bedeckte Bank gestellt wurden. Die Mutter und wir Kinder liefen dem seltsamen Zuge bald voran; bald hinterdrein. Die jungen Männer waren dabei vergnügt und munter. Mein Vater hingegen war ernst, denn diese Bräuche waren ihm als eine gottgefällige Handlung heilig. Meine

Schwäger brachten auch den wohlverwahrten, verhüllten Sack Mehl in die große Küche. Meschia Cheziche blieb die Nacht da, um rechtzeitig am nächsten Morgen den Ofen zu heizen. Alle gingen zeitig zu Bette, um beim Beginn des Mazzebackens früh zugegen sein zu können.

Ich drängte mich am nächsten Morgen gleich an den Ofen und sah mit großem Interesse zu, wie gewandt eine alte Frau die runden, dünnen Mazzen in den Ofen schob, die halbgebackenen zur Seite rückte, die ganz fertigen mit beiden Händen sammelte und in einen Korb auf der nahe bei stehenden Bank warf, ohne daß auch nur eine einzige zerbrach, trotzdem sie so dünn und zerbrechlich waren. Mir wurde bald eine Beschäftigung zugewiesen: ich sollte die geschnittenen Stücke Teig den mit Rollhölzern bewaffneten Weibern reichen, die um den langen, mit Blechplatten bedeckten Tisch standen. Meine ältere Schwester hatte mich immer im Frühaufstehen übertroffen; auch jetzt erzählte sie mir mit Stolz, daß sie schon viele Mazzen aufgerollt habe, die sogar schon gebacken seien. Ich war mit mir sehr unzufrieden, schalt mich selber eine Langschläferin und suchte mich nun um so nützlicher zu machen. Ich beruhigte mich erst dann über das späte Aufstehen, als mich das viele Umherlaufen und Herumstehen tüchtig ermüdet hatte. Ich wusch mir die Hände und ging in die zweite Kammer, wo der Teig geknetet wurde. Da stand eine Frau über ein funkelndes Messingbecken gebeugt und knetete, ohne einen Laut von sich zu geben, ein Stück Teig nach dem andern aus abgemessenem Mehl und Wasser. Ich machte mich auch da nützlich, indem ich mir von dem kleinen Jungen, der das Wasser in das Mehl zu gießen hatte, den großen Schöpfer ausbat und seine Arbeit bedächtig und still ausführte, hie und da die knetende Frau ansehend, die über den Kleidern gleich Meschia Cheziche ein langes, weißes Hemd trug und eine Schürze, die in der Taille nicht eingeschnürt war. Kopf und Mund waren mit weißen

Tüchern verbunden, ebenso wie bei Meschia Cheziche. Ich half mit, bis mich die Müdigkeit übermannte.

Das Backen der Mazzen dauerte fast zwei Tage. Meine Mutter ging unermüdlich umher und besah von Zeit zu Zeit die Rollhölzer, mit denen die Frauen die Mazzes rollten, um den angeklebten Teig abzukratzen; bei dieser Arbeit halfen meine Schwäger und mein Bruder, die mit kleinen Stückchen Glasscherben bewaffnet waren. Die Teilchen mußten entfernt werden, weil der angeklebte Teig bereits Chomez (d. h. gesäuerter Teig ist), und somit in den Mazzenteig (der ungesäuert ist), nicht eingeknetet werden darf. Auch beim »Rädeln« der Mazzen halfen die jungen Männer mit; und es fiel keinem ein, eine solche Arbeit für unpassend zu halten, da alles, was Pesach und besonders die Mazzen betraf, als eine religiöse Handlung betrachtet wurde. Am darauffolgenden Tage untersuchte meine Mutter alle Mazzen, deren es oft mehrere Tausend gab, ob sich nicht etwa darunter eine verbogene oder nicht ganz ausgebackene befand. Denn eine solche war schon Chomez und mußte beseitigt werden.

In strenger Ordnung legte man nun die tadellosen Mazzen reihenweise in die großen roten Kisten, die mit einem weißen Tuch bedeckt wurden. Meine Mutter hatte unter dem Tuche eine Mazze vorgenommen und ohne sie anzusehen, sogar mit geschlossenen Augen, die Hälfte abgebrochen, indem sie ein frommes, eigens für diese Handlung festgesetztes Gebet leise hersagte. Dann warf sie dieses Stück Mazze wieder, ohne es anzusehen, in die Flammen. Diesen Gebrauch nannte man »Challe nehmen«; er soll wahrscheinlich an das Brandopfer der biblischen Zeiten erinnern.

Die nächste Zeit bis Pesach verging in endlosen Vorbereitungen für die Wirtschaft, für Kleider und Putzsachen. Endlich nahte der wichtige Tag des Erew-Pesach heran. Da erreichte die Arbeit ihren Höhepunkt! Am

Abend vorher wird auch eine rituelle Handlung vollzogen: das Bedike-Chomez, d. h. das Fortschaffen des gesäuerten Brotteiges aus dem Hause. Da begab sich meine Mutter in die Küche, ließ sich von der Köchin einen hölzernen Löffel und einige Gänsefedern geben, wickelte um beides einen weißen Lappen, nahm ein Wachskerzchen dazu, band das ganze mit einem Bindfaden fest und brachte es in das Zimmer des Vaters, wo sie es auf das Fensterbrett legte. Diese scheinbar bedeutungslosen Gegenstände sollten Abends bei einer religiösen Handlung verwendet werden. Mein Vater nahm, nachdem er zu Abend gebetet hatte, das Bündel, steckte das Wachskerzchen an und übergab es meinem Bruder, dessen Hand ihm als Leuchter dienen sollte, und nun ging der Feldzug gegen den Chomez durch das ganze Haus. Jedes Fensterbrett, jeder Winkel, in dem man Speisen vermutete, wurde von meinem Vater untersucht und von meinem Bruder mit dem Wachskerzchen erleuchtet. Die aufgefundenen Krümel wurden mit den Federn in den Löffel gescharrt, nachdem mein Vater das dazu bestimmte Gebet gesprochen hatte. Wir Kinder machten uns manchmal den Spaß, vorher überall Krümelchen anzuhäufen, worüber sich der Vater wunderte, da doch an diesem Tage die Fensterbrettchen gewöhnlich mit besonderer Aufmerksamkeit gereinigt wurden. So untersuchte er nun gründlich die Fenster, und die Mutter mußte sich beeilen, das noch vorhandene Brot aus dem Hause zu schaffen, denn das Gesetz gebot, daß alles Brot, das auf der Suche durchs Haus vorgefunden wurde, gesammelt und verbrannt werde. Nachdem diese Handlung vollbracht war, speiste man etwas früher zu Abend als sonst. Das inzwischen verborgene Brot durfte nun zwar auf den Tisch kommen, die gesammelten Brotkrümel im Löffel aber wurden mit dem Wachskerzchen und den Federn in einen Lappen gebunden und auf dem Hängeleuchter im Speisezimmer recht hoch befestigt, damit es keine Maus erreiche, welche die Krümel sonst wieder zerstreuen könnte. Man ging zeitig schlafen, um am nächsten Morgen recht früh aufzustehen, denn um 9 Uhr morgens darf sich kein Bissen Brot oder sonstiger Chomez im Hause eines religiösen Juden vorfinden. Wir Kinder wurden sehr früh geweckt und sollten Frühstück und Mittagessen auf einmal verzehren. Das Nationalgericht für diesen Morgen ist heiß gesottene Milch mit Weißbrot. Doch war selbst zu dieser frühen Stunde schon ein Braten fertig, an dem sich mancher Hausgenosse gütlich tat. »Und nun rasch, rasch!«, trieb meine Mutter alle im Hause an, auch die Dienerschaft aß doppelt so viel als sonst, denn es durfte ja nichts vom Chomez zurückbleiben. Wir Kinder machten allerhand Späße und verabschiedeten uns dann für volle acht Tage vom Brote. Das Geschirr wurde rasch gewaschen, und die Mutter befahl dem Diener, alles ins Speisezimmer zu bringen. Von dem teuren Porzellanservice an bis zur letzten Kupferkasserole wurden alle Stücke bunt durcheinander auf die Diele, den Tisch, die Fenster gestellt und dann mußte alles in große Kisten gepackt und auf den Boden gebracht werden, woher sodann die gefüllten Kisten mit dem Pesachgeschirr herunter getragen wurden. Das Speisezimmer wurde wieder gründlich gereinigt, die Fensterbrettchen mit weißem Papier bedeckt. Der große Speisetisch wurde auseinandergezogen, mit einem weißen Tuch oder mit Papier bedeckt und dann der zu seiner ganzen Länge ausgezogene Tisch mit dickem Filz, einer Schicht Heu und vieler grauen Leinwand bedeckt, die mit kleinen Nägeln befestigt wurde. Nach dieser Prozedur durfte erst das Pesachgeschirr ausgepackt werden, das wir Kinder mit so großer Neugierde erwarteten, weil jedes von uns darunter seine bestimmte Kaus (kleiner Becher von hübscher Form) hatte. Aber damit nicht genug! Es gab um diese Zeit auch an allen Orten und in allen Zimmern viel Interessantes für uns zu sehen, besonders im Hof, wo alle Holztische und -bänke zum Kaschern aufgestellt waren.

Man begoß den Tisch oder die Bank mit siedendem Wasser, strich mit einem zum Glühen gebrachten Eisen darüber hin und her und schüttete dann gleich kaltes Wasser auf die Gegenstände. Außer diesem Schauspiel gab es aber noch etwas Großartigeres: der Vater erschien nämlich in der Küchentür mit dem Chomez von gestern in der Rechten und ließ Feiwele, den alten Wächter, Ziegelsteine und trockene Holzstücke bringen. Der Alte besorgte das blitzschnell, errichtete aus den Ziegeln einen kleinen Herd und legte die Holzstücke darauf. Mein Vater legte den Löffel mit den darin befindlichen Krümeln auf den Scheiterhaufen und ließ das Holz in Brand setzen. Wir Kinder liefen hin und her, um uns, wenn irgend möglich, dabei nützlich zu machen. Das trockene Holz fing sofort Feuer, und ein Flämmchen nach dem anderen züngelte aus dem Scheiterhaufen hervor. Und wir Kinder schrieen: »Seht, seht, die Federn sind schon versengt! Der Lappen brennt schon ...« Endlich verschlangen die vereinten Flammen auch den Löffel, und es dauerte nicht länger als 10 Minuten, so war das Autodafé des Chomez vollzogen. Mein Vater verließ nicht eher den Schauplatz, als bis alle Überbleibsel des Scheiterhaufens weggeräumt waren, denn nach der Vorschrift darf man selbst auf die Asche nicht treten, auch wenn es »Nutzen oder Vergnügen« brächte.

Wir Kinder sprangen von da in das Eßzimmer, wo »Schimen, der Meschores« (der Diener) mit dem Auspacken des Pesachgeschirrs beschäftigt war. Wir wollten auch hier helfen und von unseren Kausses (Weinbecherchen) Besitz ergreifen, da schmunzelte der Bocher (Junge) schalkhaft und meinte, daß wir dazu noch nicht gehörig vorbereitet seien. Wir waren verblüfft und sahen ihn fragend und bestürzt an. Mit gleichgiltiger Miene erklärte er, daß wir noch nicht gescheuert und gekaschert seien. »Wieso gekaschert?« fragten wir. »Ja, ja«, versetzte unser Peiniger, »Ihr müßt heiße, glühende Steindelach (Steinchen) in den Mund nehmen, sie dort herumkollern, hernach mit kaltem Wasser ausspülen, ausspucken, dann erst dürft Ihr dieses Geschirr anrühren.« Wir fanden keine Antwort und stürzten weinend in die Küche, wo meine Mutter in voller Arbeit war. Sie beriet eben mit der Köchin die Bereitung des Indian-Vogels, eines riesigen Truthahns, der bereits geschlachtet, gerupft, gesengt, gesalzen und dreimal mit Wasser abgespült war. Jetzt lag er auf dem Brett, und die Köchin hielt ihn mit beiden Händen fest, als wenn er davonfliegen wollte, während die Mutter, mit einem großen Küchenmesser bewaffnet, den Hauptschnitt ausführte. Unweit von diesem Schauplatz, rechts von der Bank, lag auf einem neu abgehobelten Brett in seiner ganzen Länge ein silberschuppiger Hecht aus dem Flusse Bug, noch der kunstgerechten Behandlung harrend. Auf der linken Seite stand der sauber gescheuerte Küchentisch, auf dem sich verschiedene Schüsseln, Teller, Gabeln, Löffel befanden, ferner ein großer Korb Eier, ein Topf Mazzesmehl, das meine Schwester eben siebte und aus dem später die schmackhaften Torten, Mandelkuchen usw. bereitet wurden. Wir wollten nun die Mutter fragen, ob Simon Recht hätte. Aber wir blieben, von der Mutter reger Arbeit gefesselt, stehen. Die schreckliche Vorstellung von den glühenden Steindlach im Mund erpreßte uns ein leises Schluchzen und meine jüngere Schwester überredete mich, die Mutter doch zu interpellieren. Allein die Mutter kam uns zuvor. Ihr war unser Flüstern längst aufgefallen und, halb verwundert, halb ärgerlich, fragte sie uns, weshalb wir so ungestüm in die Küche gestürzt wären. Da erzählten wir mit kläglicher Stimme, in halben Sätzen, was der böse Schimen uns gesagt hatte. Sie verstand nicht recht und ward ungeduldig. Dann schrie sie plötzlich auf: »Was für glühende Steindelach? Wer hat sie in den Mund genommen? Wer hat sich mit heißem Wasser begossen?« Nach einer langen Auseinandersetzung erfuhr sie endlich die eigentliche Ursache unserer Besorgnis:

Sie ließ Schimen sofort kommen und verbot ihm energisch, uns so dummes Zeug vorzuschwätzen. Uns sagte sie, wir sollten uns waschen und reine Kattunkleidchen anlegen, dann wären wir würdig, unsere Kausses in Empfang zu nehmen. Im Nu waren wir angekleidet. Mit triumphierenden Mienen sprangen wir ins Eßzimmer und halfen nun das Geschirr abwischen.

Unter diesen und ähnlichen Arbeiten verging der halbe Tag, bis unsere gesunden Magen daran erinnerten, daß wir seit 9 Uhr morgens nichts gegessen hatten. Wir wußten im voraus, was man uns geben würde. Man brachte den großen Gonscher (eine sehr breite Flasche) mit süßem Meth, den meine Mutter so meisterhaft zu kochen verstand, und ein volles Sieb mit Mazzes: bis zu diesem Tage waren sie in strenger Verwahrung gewesen, da vor den Feiertagen Mazzes zu essen bei frommen Juden nicht erlaubt ist. Man füllte also unsere Kausses mit Meth und wir machten uns an die Mazzes. Ein Stück nach dem andern wurde in Meth getaucht und verschwand rasch, von unseren gesunden Zähnen wie zwischen Mühlsteinen zermalmt.

Die Mutter kam endlich aus der Küche herein. Auch mein älterer Bruder erschien und brachte Äpfel, Wallnüsse und Zimt. Aus diesen Materialien bereitete er, indem er alles in einem Mörser zerstieß, Charauses, d. i. eine Masse, welche wie Tonlehm aussieht und abends auf den Sedertisch kommt. Der »Lehm« soll daran erinnern, daß unsere Vorfahren in Egypten für den Pharao Ziegelsteine kneteten.

Nachdem mein Bruder mit dieser Arbeit fertig war, ließ die Mutter den Eßtisch in den gelben Salon tragen und in seiner ganzen Länge vor dem Sopha aufstellen. Sie bedeckte ihn dann mit einem weißen Damasttischtuch, das nach beiden Seiten bis zur Diele reichte. Dann ließ sie den Diener das Porzellan- und Kristallgeschirr bringen, ordnete es und ging selbst an den Schrank, der das ganze Silbergeschirr enthielt. Der Diener stellte auf das große silberne Tablet die Becher und Kannen, die sehr schön gearbeitet waren. Namentlich eine Kanne war besonders kunstvoll durch Intarsien aus Elfenbein, die mythologische Figuren darstellten. Der Deckel und das Gefäß waren aus massivem Golde. Mein Vater hatte einige hundert Rubel für das Kunstwerk bezahlt. Eine andere ziemlich große Kanne war aus getriebenem Silber. Daneben standen große und kleine Becher, deren Boden französische Münzen bildeten.

Bald kam auch die Obsthändlerin (Gereziche) mit dem frischen grünen Salat, der an diesem Abend, dem Seder-Abend, eine wichtige Rolle spielte. Der Diener brachte aus der Küche eine Schüssel voll hartgesottener Eier, einen Teller frisch geriebenen Meerrettig (Moraur genannt), — ein Symbol, das an die Bitterkeit der Verhältnisse erinnern sollte, unter denen unsere Vorfahren in Egypten gelebt hatten. Dann einige gebratene Stückchen Fleisch, die sogenannte Seroa, zur Erinnerung an die Pesach Korben, d. h. Osteropfer im Tempel zu Jerusalem; ferner einen Teller mit Salzwasser und einige Schmure-Mazze (gehütete Mazzes[D]). Alle diese Speisen bedeckte meine Mutter mit einem weißen Tuch. Nur den Salat ließ sie unbedeckt, als sollte er das eintönige Weiß des Tischtuches beleben, während der rote, funkelnde Wein in der Kristallkaraffe sich in den glänzend geputzten Silberleuchtern und in jedem Kristallglas vielfältig wiederspiegelte. Während meine Mutter mit dem Tischdecken und dem Vorbereiten der verschiedenen kleinen Symbole für die Abendfeier beschäftigt war, kam der Vater oft und erkundigte sich, ob nichts vergessen worden sei. Zur Krönung des Werkes ließ die Mutter noch einige Daunenkissen und eine weiße Piquédecke holen und bereitete für den Vater zur linken einen Ruhesitz, das sogenannte Hessebett[E], ein ähnliches wurde auf zwei Stühlen für die jungen Männer neben ihren Sitzplätzen hergerichtet. Jeder Winkel atmete Sauberkeit und Behaglichkeit, und die festliche Stimmung, die im Hause herrschte, teilte sich jedem mit.

Die Abenddämmer stiegen langsam hernieder. Die Theestunde nahte. Wir tranken und schlürften das duftende Getränk mit besonderem Behagen, denn er schmeckte in der festlichen Umgebung ganz besonders gut. Alles blitzte und funkelte. Selbst für das Trinkwasser waren neue Gefäße in Verwendung.

Nun gings an die Toilette! Es dauerte nicht lange, so erschien meine Mutter festlich gekleidet, um die Kerzen anzuzünden. Sie war zur Zeit, die ich schildere, jung und hübsch. Ihre Haltung war bescheiden und doch selbstbewußt. Ihr ganzes Wesen, ihre Augen drückten wahre, tiefe Religiosität, Ruhe und Seelenfrieden aus. Sie dankte dem Schöpfer für die Gnade, daß er sie und ihre Lieben diesen Festtag in Gesundheit hatte erleben lassen. — Ihre Kleidung war reich wie die einer Patrizierin jener Tage. Aus ihrer ganzen Art leuchtete die vornehme, adelige Abkunft. Mancher von der jungen Generation wird bei dem Wort »adelige Abkunft« spöttisch lächeln, als gäbe es keinen jüdischen Adel! Freilich hat der Jude sein Adelsdiplom weder auf dem Schlachtfeld noch aus Königspalästen für Heldentaten auf der großen Landstraße erworben. Den jüdischen Adel gab das geistige Leben: lebendiges Talmudstudium, Liebe zu Gott und den Menschen. Und es traf sich oft, daß zu diesen Tugenden auch äußerer Reichtum und Würden kamen.

Nachdem meine Mutter die Kerzen angezündet hatte, verrichtete sie ein kurzes Gebet, bedeckte sich, wie es der Brauch will, die Augen mit beiden Händen. Bei dieser Gelegenheit konnten wir die kostbaren Ringe an ihren Fingern bewundern, in denen das Kerzenlicht in allen Regenbogenfarben glitzerte und flimmerte. Besonders der eine blieb mir in Erinnerung, der einen großen, gelben Brillanten in der Mitte hatte, den in länglicher Form drei Reihen weißer Brillanten umschlossen.

Nun erschienen meine älteren, verheirateten Schwestern in reichem Putz. Man trug in den vierziger Jahren statt des goldgestickten, schmalen Rockes einen faltenreichen, breiten Rock, der aber weder Reifrock noch Turnüre besaß, die den jugendlichen Körper verunstalteten.[F] Auch meine vier unverheirateten Schwestern bis zur allerkleinsten trugen Schmuck.

Wir Mädchen hatten schon im Alter von zwölf Jahren die Pflicht, am Vorabend der Festtage und des Sabbaths Kerzen anzuzünden. So versammelten wir uns alle um den Tisch. Wir glühten in freudiger Erwartung des Sederabends. Alle Kerzen brannten. Vor dem Sitze des Vaters brannten zwei Spirmazet-Kerzen, die man »Manischtane«-Kerzen nannte nach den sogenannten vier Fragen, die das jüngste Kind am Tisch stellt. Denn Lampen kannte man zu jener Zeit überhaupt noch nicht. Ich saß noch in den vierziger Jahren an den langen Winterabenden mit meinen Schwestern bei einer Talgkerze, und wir haben, ohne die geringste Unbequemlichkeit zu empfinden, dabei unsere Schulaufgaben gemacht oder bis in die späte Nacht die spannende Erzählung von dem Prinzen Bowe mit seinem treuen, gefleckten Hund gelesen. Die Beschaffenheit der Talgkerze mit ihrem dicken Docht machte den häufigen Gebrauch der Lichtputzschere nötig, die heute als archäologische Seltenheit zu betrachten ist. — Eine bessere Beleuchtung erreichte man durch Spirmazet-Kerzen oder Öllampen. Aber beide waren nur für die Reichen. Der Bürger erlaubte sich solchen Luxus nicht. Gegen Ende der vierziger Jahre kam die Stearinkerze auf, die schon ein etwas helleres Licht gab und die Talgkerze in den Hintergrund drängte. In den sechziger Jahren kam mit der geistigen Erleuchtung auch die hellbrennende Petroleumlampe. Das war ein Jubel, den das ganze Volk im Land aus Freude darüber anstimmte. Alles glaubte, daß damit, wie bei den Fuhrwerken, das letzte Wort für die Bequemlichkeit der Menschen gesprochen sei.

Alle Welt schaffte sich Lampen an und ließ sich unterrichten, wie sie zu behandeln seien, wieviel Petroleum hineinzugießen sei, wie breit, lang und dick der Docht sein müsse. Auch dazu gab es eine Schere, die aber der Kerzenputzschere nicht gleich war. In den ersten paar Jahren nach Einführung der Lampen wurden selbst die Leuchter ganz abgeschafft. — Auch die Bauern, denen bisher der Pechspahn[G] oder Kahanez[H] als Beleuchtung gedient hatte, schafften sich jetzt Lampen an. Zwar war das Licht der damaligen Petroleumlampe mit der gelbrötlichen Flamme grell und dem Auge unangenehm, nichtsdestoweniger arbeiteten die Lampenfabriken unaufhörlich. Unzählige Millionen Pud Petroleum flossen in das russische Reich. Und die Herrschaft der Petroleumlampe bestand bis zu den

achtziger Jahren, gegen deren Ende sie schon durch das Gas verdrängt wurde: eine neue Aufregung unter der Bevölkerung! Freilich diente diese Erfindung nur der Stadt für die Straßenbeleuchtung und den Reichen für ihre Häuser. Mit prahlerischem Lächeln drehte der großstädtische Hausherr den Hahn zur Gasbeleuchtung in seinem Kabinet auf, um seinen Gast aus der Provinz mit der plötzlichen Helle zu überfluten. In der ersten Zeit kostete die neue Erfindung auch noch viele Menschenleben; die Röhren der Straßenbeleuchtung platzten und waren undicht und in den Häusern erstickten viele durch ausströmendes Gas, wenn die Gashähne während der Nacht nicht fest geschlossen waren. Erst viel später hielt dann die Elektrizität ihren Einzug und überstrahlte mit ihrer Helle und Bequemlichkeit die bisherige künstliche Beleuchtung.

Die Sedertafel glänzte und strahlte. Der Meschores (Diener) hatte einen neuen Kaftan an, sein ganzes Auftreten atmete feierliches Selbstbewußtsein, als bediente er an diesem Abend aus Liebenswürdigkeit, Gefälligkeit, nicht aus Pflicht, als fühlte er sich den Herrschaften gleich. Er brachte das silberne Becken mit der Kanne und viele Handtücher. Man erwartete die Herren aus dem Bethause, die auch bald erschienen. Schon beim Hereintreten meines Vaters fühlten wir an dem Ton, mit dem er laut »Gut Jom-Tow« (Guten Feiertag) sagte, eine gewisse Feierlichkeit, eine wohltuende Vergnügtheit. Er ließ meinen Bruder sämtliche Hagadas[I] bringen und erteilte den Kindern den Segen. Hierauf nahmen wir am Tische Platz und zwar in der Reihenfolge des Alters. Heute durfte auch »Schimen, der Meschores«, an einer Ecke des Tisches sitzen, nach patriarchalischer Art, womit bekundet wird, daß an diesem Abend alle gleich sind — Herr und Diener. Das Aussehen meines Vaters war würdevoll; seine großen, klugen Augen, die edlen Gesichtszüge drückten eine innere Zufriedenheit und Seelenruhe aus. Die mächtige, breite Stirn zeugte von rastloser Gedankenarbeit. Der lange, gut gepflegte Bart vervollständigte das ehrwürdige, patriarchalische Aussehen, und sein Verhalten den Kindern, sowie allen anderen gegenüber, flößte, obwohl er erst vierzig Jahre zählte, Ehrfurcht ein, als wäre er ein Greis von achtzig Jahren. Mein Vater war auf sein Äußeres sehr bedacht, ohne eitel zu sein. Der Ernst der jüdischen Erziehung schützte gegen solchen Leichtsinn. Seine Festtagskleidung bestand aus einem schwarzen langen Atlaskaftan. Er war der Länge nach von beiden Seiten mit zwei Samtstreifen besetzt, neben denen eine Reihe kleiner schwarzer Knöpfe angebracht war. Die Kleidung vervollständigte eine teure pelzverbrämte Mütze (Streimel genannt) und ein breiter Atlasgürtel um die Lenden. Von dem feinen weißen Leinenhemd war bloß der Kragen sichtbar, der vorteilhaft den schwarzen luxuriösen Anzug hervorhob. Auch das rote Foulard-Taschentuch fehlte nicht. Meine älteren Schwäger kleideten sich wie der Vater; bei meinem jüngeren machte sich schon die europäische Mode geltend, indem er eine schwarze Sammetweste mit einer goldenen Uhrkette trug. Auch mein ältester Bruder, ein kluges, aufgewecktes Kind mit großen, grauen, schwärmerischen Augen, wiewohl erst zwölf Jahre alt, kleidete sich wie die älteren Herren. Bei der Anfertigung der Kleider war besonders wegen des »Schatnes« Bedacht zu nehmen. Es ist nach dem jüdischen Gesetze verboten, Wollstoffe zu tragen, die mit Zwirn genäht waren, ferner auf gepolsterte Möbel, Equipagensitze sich zu setzen, die mit Tuch bedeckt waren und mit Fäden genäht. Ein Pelz, der mit Zwirn genäht, war, durfte nicht mit Tuch bedeckt sein. Meines Vaters Pelze waren mit Seide zusammengenäht. Einmal ertappte man den Schneider, daß er Zwirn verwendet hatte, und er mußte Stück für Stück auftrennen und alles wieder mit Cordonetseide zusammennähen.

Mein Vater ließ sich gemütlich auf seinen Sitz nieder, legte seine prächtige Schnupftabaksdose mit dem roten Foulardtaschentuch auf den Tisch zu seiner Rechten und begann in der Hagade zu lesen. Er bat die Mutter, ihm die einzelnen Gerichte von den Tellern zu reichen, auch die jüngeren Herren folgten seinem Beispiel. Dann füllte die Mutter auf eine besondere Bitte des Vaters hin den Becher mit Rotwein. Die verheirateten Schwestern füllten hierauf auch ihren Männern die Becher, während unsere ältere, unverheiratete Schwester das Amt des Einschenkens bei uns Kindern und den anderen Tischgenossen, selbstverständlich auch beim Meschores, versah. Jeder der Herren bekam auf seinen Teller drei Schmure-Mazzes, zwischen denen sich bereits die Seroa, ein wenig von dem vorbereiteten Meerrettig, ein wenig Salat, Charausses, ein gebratenes Ei, ein Radieschen befanden. Das alles war mit einer weißen Serviette bedeckt. Der Vater nahm den Becher Wein in seine rechte Hand und sagte das Kiduschgebet[J] und leerte das Glas. Alle Tischgenossen folgten seinem Beispiel, nachdem sie Amen gesagt hatten. Meine Mutter füllte von neuem den Becher, die anderen Frauen taten es wieder für ihre Männer, während die Becher der anderen Tischgenossen mit süßem

Rosinenwein gefüllt wurden. Dann nahm der Vater sein Gedeck mit allen darauf befindlichen Dingen in die rechte Hand, hob es in die Höhe und sprach dabei laut das Kapitel Ho lachmo anjo. Die männlichen Tischgenossen wiederholten den Satz bis zum zweiten Kapitel Mahnischtano, den sogenannten vier Fragen, welche das jüngste Kind bei Tische zu fragen hat. Diese lauten: »Warum essen wir an allen Abenden des Jahres gesäuertes und ungesäuertes Brot, heute aber bloß ungesäuertes?« usw. (siehe Hagade). Der Vater beantwortete, mit bewegter Stimme aus der Hagade lesend: »Awodim hojinu.« ... »Knechte waren wir bei Pharao in Mizraim und hätte uns damals Gott der Allgütige in seiner Allmacht nicht erlöst, und wären wir nicht von dort ausgezogen, wären wir, unsere Kinder und Kindeskinder bis jetzt noch Sklaven gewesen, und wenn wir auch alle kluge Schriftgelehrte wären, so ist es dennoch unsere Pflicht, vom Auszug aus Ägypten zu erzählen.«

Bei diesen Worten brach der Vater immer in Tränen aus — er konnte und durfte seinem Schöpfer gewiß aus vollem Herzen danken, wenn er seinen Blick über die schöne Tafelrunde schweifen ließ und die junge, hübsche Frau mit den blühenden Kindern, die kostbar geschmückt dasaßen, sah! Er durfte sich wirklich im Vergleich zu jener Zeit der Sklaverei als einen Fürsten betrachten.

Nun folgten die Psalmen, die als Hallelgebet zusammengefaßt sind, dann nach oftmaligem Händewaschen die Erklärung, warum wir an diesem Abend die vielen bitteren Kräuter essen. Es ist zur Erinnerung daran, daß unsere Vorfahren reich an Bitternissen waren, und daß sie, durch die Wüste ziehend, keine andere Erquickung hatten als bittere Kräuter. Hierauf brachen die Herren die mittlere der drei Mazzen entzwei, legten die eine Hälfte unter das Polster zum »Aphikomon« (Nachspeise) und die andere Hälfte verteilten sie in kleinen Stücken unter die Tischgenossen als »Mauze« (der Jude betet vor dem ersten Bissen Brot, vor jeder Mahlzeit). Dann aß man vom Meerrettig: erstens zu Moraur, der in Charausses getunkt so rasch als möglich verschluckt wird, da dies ohne Mazzen geschehen muß. Dann der Kaurach, wieder eine Portion Meerrettig zwischen zwei Mazzesstückchen gelegt. Für jeden Brauch wird zuvor ein bestimmtes Gebet gesprochen. Mit einem Wort, man bekam an diesem Abend den Meerrettig gehörig zu spüren; und wir mußten mit Tränen in den Augen zugeben, daß das Leben unserer Vorfahren in Ägypten bitter war. Später wurden Radieschen und Eier in Salzwasser getaucht; das mundete schon besser, und endlich kam das Abendbrot an die Reihe, das mit Pfefferfischen begann, dem eine fette Brühe mit Mazzemehlklößchen folgte und das mit einem feinen frischen Gemüse endete. Dann bekam jeder Tischgenosse ein Stück von dem aufbewahrten Aphikomon. Nun wurden die Becher aufs neue mit Wein gefüllt. Man goß sich Wasser über die Hände, was man »Majim Acheraunim« nennt (letztes Wasser), wobei ein kleines Gebet verrichtet wurde; und nun schickte man sich an, das Tischgebet zu sagen, womit gewöhnlich einer der Herren bei Tische als Vorbeter beehrt wurde. Am Schluß des Gebetes fiel die ganze Tischgesellschaft mit einem lauten »Amen« ein; und nachdem jeder für sich leise das Nachtischgebet mitgebetet hatte, wurden erst die Becher geleert. Und jetzt begann der zweite Teil der Hagade. Zum vierten Male füllte man die Becher. Diesmal wurde auch die große silberne Kanne gefüllt, die in der Mitte der Tafel aufgestellt und für den Propheten Elia bestimmt war. Dieser Brauch findet in den kabbalistischen Schriften seine Erklärung. Nach der kabbalistischen Lehre ist alles, was man in paarweiser Zahl ißt oder trinkt (sogenannte kabbalistische Suges) schädlich oder es kann zum mindesten schädlich wirken. Daher muß bei der Sedermahlzeit zu den vier Bechern, die getrunken werden, noch ein fünfter gefüllt

65

werden.

Wir Kinder glaubten fest an die Volkssage, daß der Prophet Elia ungesehen hereinkomme und an dem Becher nippe. Wir blickten daher unverwandt nach der Kanne und wenn sich die äußerste Schicht an der Oberfläche leise bewegte, waren wir überzeugt, daß der Prophet anwesend war und uns überrieselte es kalt und heiß. Sämtliche Becher wurden gefüllt, und der Vater befahl dem Diener, die Tür zu öffnen. Nun begann man das Kapitel »sch'fauch chamos'cho« zu rezitieren; hierauf folgten die Schlußkapitel des Hallel. Und zum Schluß das allegorische Liedchen »chadgadjo, chadgadjo«, »Ein Zicklein, ein Zicklein«. Mit diesen und ähnlichen Versen fand der Sederabend seinen Abschluß. Jeder hatte seinen vierten Becher Wein ausgetrunken. Auf den Gesichtern aller Tischgenossen sah man die Abspannung und Erregtheit infolge des ungewohnten Weingenusses. Meine älteren und jüngeren Schwestern verließen eine nach der anderen die Tafel, ehe noch die Verse zu Ende gesungen waren, was nicht als Verletzung der Religion oder der Hausdisziplin galt. Mich aber hielt etwas zurück, das ich mir um nichts entgehen lassen wollte. Es war Schir haschirim, das Hohe Lied, das Lied der Lieder Salomos, von dem ich jedes Wort, jeden Ton mit meiner ganzen Seele aufnahm. Die herrliche Verschmelzung von Tönen und Worten wirkte auf das Kindergemüt berauschend; ich lauschte entzückt. Das ganze Lied wurde im Rezitativ in sieben Tönen gesungen, wobei sich mein älterer Schwager David Ginsburg besonders auszeichnete, und hat sich so lebhaft, so unvergeßlich meiner Seele eingeprägt, daß ich den Anfang noch heute, an meinem späten Lebensabend, auswendig kann. Was gäbe ich darum, noch einmal in meinem Leben das Lied so schön singen hören zu können! Auch meine Mutter pflegte gewöhnlich noch bei Tische zu bleiben.

Meine Mutter ermahnte mich dann mehr als einmal, zu

Bette zu gehen. Ich aber bat, noch bleiben zu dürfen, was sie mir für ein Weilchen auch gestattete. Als sie aber bemerkte, wie müd und abgespannt ich war, erfolgte eine zweite Ermahnung, und ich wiederholte meine frühere Bitte noch inständiger. Meine Stimme war wahrscheinlich dabei so innig, daß ich die Erlaubnis erhielt. Ich gab mir Mühe, nicht müde zu scheinen und kroch auf einen im Winkel stehenden großen Armstuhl und hörte mit wahrem Seelengenuß dem Gesange zu. Bis zum Schluß hielt ich es aber nicht aus, und ich erwachte erst auf meinem Lager, als meine Njanja mich entkleidete und zurecht legte. Ich wurde dabei munter, schlief aber bald wieder in der seligsten Stimmung ein und erwachte am Morgen mit der gleichen frohen und vergnügten Laune. Alles im Hause war festlich geschmückt; überall feierliche, herrliche Osterstimmung! Draußen strahlte der Frühlingssonnenschein vom heiteren Himmel herab. Die Luft war mild und warm. Die ganze Natur schien ein festliches Kleid angelegt zu haben, wie wir alle im Hause. O goldene Kinderzeit im Elternhause, wie schön bist du! — — —

Zum Tee bekam ich Mazzen und Butter. Man zog mir ein neues Kleidchen an, und ich lief hinaus zu den Nachbarkindern, die mich auf der Wiese bereits erwarteten. Wir hüpften und tanzten und sangen: »Der Frühling ist da, der Sommer ist gekommen, huha! huha! huha! huha!«

Die Frauen und Männer des Hauses waren bereits seit dem frühen Morgen in der Synagoge zum Gottesdienste, wo das Gebet um Tau heute gesprochen wurde, ein Gebet, welches das konservative, jüdische Volk noch immer inbrünstig betet, wiewohl es seit fast 2000 Jahren außer dem Bereich seiner nächsten Interessen liegt, daß das Korn auf dem Felde durch den Himmelstau gedeihen möge, das Gras durch das reiche Tropfen des Taues saftig werde, der Most gerate und nicht sauer werde. Dieses Gebet wird nach der alten Tradition also weiter gebetet, und zwar wie die meisten jüdischen Gebete, halb singend, wobei die Frauen mit den Tränen nicht sparen.

Ein Volk, behauptete Lord Beaconsfield, das zweimal jährlich den Himmel um Tau und Regen für die Felder anfleht, wird gewiß noch einmal sein eigenes Land besitzen.

Das zeigt, wie tief die Liebe zum Ackerbau und zur Scholle den Juden im Blute sitzt, gebietet doch das jüdische Gesetz, erst einen Weingarten zu pflanzen; sein Feld zu bestellen, dann ein Haus zu bauen und dann erst zu heiraten!

Gegen ein Uhr kamen alle Synagogenbesucher nach Hause. Da fanden sich auch schon Gäste ein, welche ihre Jomtow — (Feiertags-) Besuche machten und mit allerlei Süßigkeiten und mit Wein bewirtet wurden.

Das Mittagmahl bestand aus den vier traditionellen Gängen: dem obligaten, gefüllten Indian-Hals, den schmackhaftesten und besten Gemüsearten, welche die Osterzeit bot, und wovon ein armer Jude an diesem Feiertage bloß träumen kann. Diese fetten, süßen Gerichte, wozu noch die Pfefferfische und die üppigen Knödel (Klößchen) kamen, steigerten den Durst auf das höchste. Es wurde reichlich darauf guter, alter Schnaps, Rotwein, endlich auch Apfelkwas getrunken. Nach Tisch gab es ein allgemeines Schnarchen in allen Schlafzimmern, Küchen, auf dem Heuboden, während wir Kinder uns auf den Wiesen und Feldern, die bei unserem Hause lagen, in völliger Freiheit tummelten und mit den Nachbarkindern um Nüsse spielten. Diese absolute Ruhe im Hause dauerte bis sechs oder sieben Uhr. Um diese Stunde wird Tee getrunken. Nach dem Tee gingen die Herren ohne ihre Frauen spazieren, die Frauen gingen ebenfalls mit ihren Freundinnen in die frische Luft, und dann begab man sich in die Synagoge zum Abendgebet, doch heut begann das Sphirezählen.[K]

Meine Mutter ging nicht in die Synagoge, da, wie gestern am Vorabend, der Sedertisch hergerichtet werden mußte.

Dieser zweite Abend hatte für uns Kinder auch sein besonderes Interesse. Es war üblich, die Kinder auf jede Art wach zu halten, vor allem, damit das jüngste Mitglied der Familie nach der Vorschrift die vier Kasches (Fragen: warum essen wir heute ungesäuertes Brot usw.) noch stellen konnte, und dann, um an diesem Abend das Geschichtsdrama des Auszuges der Juden aus Ägypten ausführlicher als es die Hagade tut, mit den älteren und jüngeren Hausgenossen zu besprechen. Man gab uns Äpfel und Nüsse zum Spielen. Wir waren sehr vergnügt und blieben bis zum Schlusse des Seders wach. Die Tafel war wie gestern reich besetzt. Aber manche Speise — besonders der Salat — trug den Charakter des Müden, Verwelkten. Bloß der frisch geriebene Meerrettig verbreitete seinen scharfen Duft.

An dieser zweiten Sederfeier wartete man nicht mehr mit Ungeduld, wie an der ersten, auf das Abendessen, weil alle noch satt waren von dem üppigen Mittagsmahl. Das Nachtmahl wurde erst gegen zehn Uhr abends fertig, da am Tage nichts gekocht werden durfte und erst mit Eintritt der Dunkelheit, wenn Sterne am Himmel zu sehen sind, mit der Bereitung des Abendessens begonnen wurde. Es bestand lediglich aus einer Brühe oder aus einem Borscht (Suppe aus roten Rüben) und gekochtem Geflügel. Braten gab es nicht, weil die Seroa, das Symbol des Brandopfers, auf dem Tische stand. Der Vater fragte an diesem Abend gewöhnlich mit Ungeduld nach dem Essen, da noch vor Mitternacht der Aphikomon gegessen und die Sederfeier beendet sein muß. Die Einzelheiten waren die gleichen wie am vorigen Abend, wenn sie auch weniger feierlich und schneller aufeinander folgten; und es gelang auch in diesem Tempo, das Aphikomon noch vor der Mitternachtsstunde zu verspeisen. Nach Schluß der zweiten Hälfte des Seders wurde wieder das Hohelied bis weit über Mitternacht hinaus gesungen, das ich aufrecht sitzend bis zum Schluß anhörte.

Die folgenden vier Tage heißen Chaulhamaued (Werktage, Halbfeiertage, an denen das Leben fast wie an einem gewöhnlichen Tage hinfließt und fast alles gestattet ist). In unserem Hause freilich glich das Leben dem an gewöhnlichen Feiertagen: es kamen viele Gäste zum Tee, zum Mittag- und Abendessen.

Viele Mühe machte das Bewachen der Schmure, der Mazzes und Gefäße. Mehr als einmal gab es Ärger mit den Bediensteten, die oft die Geschirre verwechselten. Ich erinnere mich eines Falles: es war am Erew-Jomtow (Vor-Feiertag) der letzten zwei Festtage des Pesachfestes. Eine stattliche Anzahl von Hühnern und »Indians« (Puten) lagen koscher gemacht, d. h. nach ritueller Vorschrift gewässert und gesalzen, da erschien meine Mutter in der Küche, nahm ein großes Messer und untersuchte, ob nicht etwa ein Hafer- oder Gerstenkorn, womit das Geflügel gemästet wurde, irgendwo stecken geblieben war als Chomez, so daß das Geflügel für Passah unbrauchbar wäre. Und richtig! Sie fand ein Haferkorn in der Kehle eines Indianvogels, womit nun alle seine Leidensgefährten gerichtet, d. h. also Chomez waren und nicht mehr verwendet werden durften. Meine Mutter war deswegen sehr ärgerlich, sah die Köchin mit vorwurfsvollen Blicken und triumphierender Miene an und rief: »Da hast du die Bescheerung, du ungeschicktes Ding! Wo hattest du deine Augen? Du warst wahrscheinlich blind beim Koschermachen des Geflügels? Du hättest es auch jetzt nicht bemerkt. Ich danke Gott für die Gnade, daß ich das Haferkörnchen gefunden habe, sonst hättest du uns alle mit Chomez gefüttert!«

Mühe und Kosten waren nun umsonst gewesen, das ganze Geflügel wurde beseitigt und anderes mußte geschlachtet, geputzt und koscher gemacht werden! Man denke sich den Ärger der Mutter und Hausfrau! Der Tag war vorgerückt, die Speisestunde nah! Nichtsdestoweniger milderte ihren

Ärger ein Gefühl freudiger Befriedigung, weil Gott sie vor einer Sünde bewahrt hatte. Ist doch die strenge Beobachtung aller Pesachvorschriften für den frommen Juden um so bedeutungsvoller, als ihre Verletzung mit frühzeitigem Tod bestraft werden soll. So wurde denn das Todesurteil an ebensoviel Hühnern und Indianvögeln vollzogen, obwohl sie im Hofe laut dagegen protestierten!

Es geschah auch einmal in diesen Tagen, daß der Diener der Köchin eine gewöhnliche Mazze statt der Schmure-Mazze zum Fischkochen gab. Eine Viertelstunde vor Tische ordnete die Mutter die schmackhaft gekochten Fische auf der Schüssel und erkannte das Versehen. Meine Mutter geriet in Zorn und Ärger, und der Diener bekam seine wohlverdienten Vorwürfe zu hören. Der Vorfall erfüllte das ganze Haus mit Lärm und gerechter Wut; und weder die Eltern, noch der Melamed haben die so appetitlichen Fische berührt! Der Vater, die Mutter, der Melamed aßen bloß von den Schmure-Mazzes, hatten auch besonderes Geschirr, während die übrigen Hausgenossen die gewöhnlichen Mazzes verzehrten.

Nun kam der letzte Tag des Osterfestes. Die achttägige Quälerei mit dem Essen, den Speisezubereitungen, die man in unserem Elternhause so geduldig und pietätvoll ertragen hatte, war zu Ende. In der Dämmerstunde des letzten Tages machten sich die Jungen im Hofe der Synagoge den Spaß und schrien: »Kommt zum chomezigen B o r c h u!« (Das erste Wort des Abendgebetes.)

Mein Vater kam von der Synagoge heim und machte, am Eßtisch stehend, Awdole, d. h. er weihte die kommenden Werktage mit einem Becher Wein ein und dankte Gott dafür, daß er Fest- und Werktag, Licht und Finsternis von einander geschieden hat. Am Schluß des Gebetes leerte er den Becher, goß den Rest auf den Tisch, nachdem er an der mit Nelken gefüllten wohlriechenden Dose gerochen, die Finger gegen das geflochtene, brennende kleine Wachslicht gehalten hatte und durchleuchten ließ und löschte dann im Rest des Weines das Licht aus.

Nun war man von allem Zwang, den das Pesachfest trotz aller Herrlichkeiten auferlegte, befreit, und der Frühling mit seinen Freuden, den lustigen Spielen im Freien nahm für uns Kinder seinen Anfang. Im Hause gab es noch lange Zeit Arbeit, ehe das Pesachgeschirr bis auf den letzten Topf und die letzte Schüssel aus allen Ecken und Winkeln zusammengetragen und wieder fortgestellt war. Schimen, der Meschores, holte abends die großen Kisten vom Boden herunter und packte alles ein, so daß am folgenden Tage keine Spur mehr von dem mit soviel Mühe veranstalteten Pesach zu sehen war. Selbst die übriggebliebenen Mazzes durften nach der Vorschrift nicht gegessen werden; in manchen jüdischen Häusern pflegte man eine einzige, große, runde Mazze an einem Schnürchen an die Wand zu befestigen, die zur Erinnerung das ganze Jahr bis zum nächsten Pesach hängen blieb. Gleich nach dem Feste wurden die verschiedenen Arten von Grützen untersucht, ob sich nicht in der achttägigen »Schonzeit« etwa Milben entwickelt hätten, da es um diese Zeit in unserer Gegend schon sehr heiß war. Bei uns freilich wurde die vorjährige Grütze nicht mehr gegessen. Wir warteten, bis es wieder frische Grütze gab — sich chodisch-essen war für diesen Brauch der terminus technicus.

Die ersten Frühlingswochen verliefen in unserem Hause in der gedrückten Stimmung der Sphirezeit (von Ostern bis Pfingsten), während der jede Freude, jedes Spiel verboten ist. Konzerte und Theater zu besuchen, eine Hochzeit zu feiern oder auch nur ein neues Kleid oder neue Schuhe anzulegen, selbst bei drückender Hitze ein Flußbad zu nehmen, war in meinem Elternhause streng verpönt. Nur am Freitag durfte man, nachdem der halbe Tag vorbei war, ein warmes Reinigungsbad nehmen. Alle Schmucksachen, wie Perlenschnüre und die gestickte Stirnbinde wurden beiseite gelegt. Man trug einfache, alte, abgenützte Kleider. Meine Eltern und meine Geschwister enthielten sich während der Sphirezeit im Gegensatz zu ihrer sonstigen Gewohnheit aller Späße, und sie lachten und scherzten fast nie. Meine Mutter versprach uns oft viel Nüsse, wenn wir sie erinnern wollten, jeden Abend Sphire zu zählen. Das Erinnern war überflüssig, denn sie vergaß nie zu zählen, wie viele Tage und Wochen in der Sphire abgelaufen sind. — — —

Der Frühling hatte für mich einen besonderen Reiz. Die Wiesen, die in der Nähe unseres Hauses lagen, lockten. Den ganzen Morgen sprang ich in der heitersten Laune umher und pflückte eine Butterblume nach der anderen und freute mich über jede junge Blüte. Ich wand mit Hilfe meiner steten Begleiterin Chaie, der Klempnerstochter, aus diesen Wiesenblumen Kränze, für die ich noch vom Ufer des nahen Flusses viele zarte Vergißmeinnicht holte. Wir bekränzten uns die Köpfe und gingen so geschmückt nach Hause. Oft unternahm ich in Gesellschaft armer Nachbarskinder Streifzüge in die Gebüsche, welche den hohen Berg neben unserem Hause umgaben und zahllose hochrote, wilde Beeren bargen. Aus diesen machten wir lange Schnüre und schmückten uns damit. Bei diesen Streifzügen vergaß ich oft, nach Hause zurückzukehren, und meine Mutter geriet in Unruhe und Sorge um mich. Alle waren bereits bei Tisch, und ich war immer noch nicht heimgekehrt, und man mußte mich suchen.

Zu meinen Lieblingsplätzchen gehörte der einsame Heuboden, wo das duftende junge Heu in Massen aufgehäuft lag. Ich grub mir da eine Art Höhle und setzte mich hinein. Hier spielte ich mit meinem Lieblingskätzchen, lehrte es auf den Hinterbeinen stehen und sitzen, wickelte es in meine Schürze, zog es am Ohr und schrie hinein: »Kätzele, willst du Kasche?« (Brei). Und das gemarterte Tierchen riß sein Ohr aus meiner Hand los, schüttelte sich, was ich als »Nein« deutete; dann nahm ich das zweite Ohr und schrie hinein: »Willst du vielleicht Kugel?« (ein fettes Sabbathgericht). Und das Kätzchen stieß ein lautes Miauen aus, welches ich als ein »Ja« deutete. Aber bei diesem Spiel hielts mich nicht lange, ich beugte mich über die Bretter vor, und warf den Pferden durch die großen Öffnungen in den Stall Haufen Heu gerade vor ihren Köpfen herunter, das sie gierig verschlangen.

Um meinem Schlendrian und dem freien Herumwandern in

den Bergen, durch Feld und Gebüsch und dem gefährlichen Hocken auf dem Heuboden ein Ende zu setzen, beschloß meine Mutter, mich in den Cheder zu geben (Volksschule), und mich dem Melamed (Volksschullehrer) anzuvertrauen, bei dem meine ältere Schwester hebräischen Unterricht hatte.

An einem schönen Nachmittag mitten im eifrigsten Spielen wurde ich plötzlich von meiner Mutter, die am Fenster stand, ins Eßzimmer gerufen. Da saß bereits, meiner harrend, Reb Leser, der Melamed, und meine Mutter sagte, sich zu ihm wendend: »Das ist meine Pessele, morgen kommt sie mit Chaweleben (meine Schwester) zu euch in den Cheder.« In meiner Schüchternheit wagte ich es kaum, meine Augen zu ihm zu erheben. »Aber dein Kätzele darfst du in den Cheder nicht mitbringen«, sagte Reb Leser zu mir. Diese Worte waren gerade nicht dazu angetan, mich für ihn einzunehmen. Der Reiz des Neuen, der in dem Chederbesuch lag, war mir damit zur Hälfte genommen. Ich blieb verstimmt sitzen und dachte, was wohl jetzt mit meinem Kätzchen und den anderen Herrlichkeiten werden solle. Ich hörte, wie Reb Leser zur Mutter sagte: »Also Dienstag wird sie der Behelfer in den Cheder abholen.« Er wünschte »gute Nacht« und verschwand in der Dämmerung. Und nun hieß es Abschied nehmen von den lustigen Spielen mit Chaie, des Klempners Töchterlein, das so hübsche Töpfchen mitzubringen pflegte, mit Peyke, die im Puppenspiel so erfinderisch war und Jentke — wie oft saßen wir dort, am Ende des großen Gartenzaunes auf dem großen Holzklotz so traulich beisammen und erzählten uns traurige und heitere Märchen, daß wir bitter weinen oder herzlich lachen mußten! Es schnitt mir ins Herz, das alles aufgeben zu müssen. Allein meine Neugierde, den Schauplatz meines neuen Lebens zu sehen, tröstete mich ein wenig. Die Mutter riet mir, bald nach dem Abendessen schlafen zu gehen, um zu gleicher Zeit mit meiner Schwester am frühen Morgen aufzustehen und zusammen in den Cheder zu gehen. Mein Schlaf war diese Nacht nicht so ruhig wie sonst! Ich war sogar früher auf den Beinen, als meine Schwester. Die Njanja mußte mich zuerst waschen und ankleiden, ich mußte sogar auf meine Schwester warten.

Der erste Schultag!....

Der »Unterbehelfer« erschien, um uns abzuholen. Ich war sehr gespannt, ihn zu sehen. Es war ein hochaufgeschossener Junge mit zwei langen, dünnen, blonden Locken vor den großen Eselsohren und einem ungeheuer breiten Mund. Seine Augen konnte man nur selten sehen, er trug nämlich seine wattierte Kutschme[L], die er selbst bei der größten Hitze in die Stirn gedrückt hatte, als wäre sie für alle Ewigkeit auf seinem Kopfe festgewachsen. Seine übrige Kleidung konnte man auch nicht gerade luxuriös nennen. Von der Fußbekleidung war der eine Schuh so groß, daß er ihn bei jedem Schritt verlor, während der andere so knapp saß, daß er das zweite Bein hinkend nachschleppen mußte; offenbar gehörten die zwei Schuhe zwei verschiedenen Paaren an. Er war aus der Kehile (Gemeinde) Sabludewe (hier im Sinne von Krähwinkel) und hieß Welwel. Das alles erfuhr ich, als er in die Küche trat, zu deren halb offener Tür ich neugierig den Kopf hineinsteckte. Er sollte gerade sein Frühstück bekommen; er aß nämlich bei uns »Täge«, wie man es damals hieß, d. i. an jedem Tag in der Woche aß er bei den Eltern eines anderen Schülers. Zu uns kam er jeden Dienstag. Ich mußte lachen über ihn. Er war aber auch zu drollig, wenn sich dieser lange Mensch just auf die äußerste Kante der Küchenbank plump hinsetzte, so daß sich das andere Ende in die Höhe hob und er, der Bocher, in seiner ganzen Länge ungeschickt auf die Diele purzelte. Selbst unsere mürrische Köchin mußte da lachen. Der Unfall hinderte jedoch den Behelfer nicht, sein Essen mit einem wahren Wolfsappetit zu verschlingen.

Dann segnete unser Begleiter unseren ersten Chedergang, indem er ausrief: »Nun mit dem rechten Fuß!« Unterwegs bildete er meist die Arrièregarde, wahrscheinlich infolge seines ungleichen Schuhwerks. Bald aber sollte er sich als unser tapferer Beschützer bewähren.

Die Gelegenheit dazu bot ein wütender Hund, der uns anfiel und verfolgte. Hilfesuchend sahen wir uns nach unserem Beschützer um — aber der erste, der jämmerlich aufschrie, war er. Trotz seiner Schuhe lief er, was er nur konnte, immer schneller, wir versuchten ihm nachzukommen, aber er war der bessere Renner — wir erreichten ihn nicht. Meine Schwester ergriff meine Hand und in atemloser Angst wiederholten wir das Sprüchlein, wie ein Gebet:

> »Hintale (Hündchen) Hintale, willst mich beissen?
> Werden kommen drei Teiwolim (Teufelchen),
> Werden dich zerreißen.
> Hintale, Hintale, willst mich beißen?
> Werden kommen drei Teiwolim, werden dich zerreißen.
> Ich bin Jakow (Jakob), du bist Esau,
> Ich bin Jankow, du bist Esau!«

Der Spruch mußte rasch, in einem Atem und ohne daß man sich von der Stelle rührte, hergesagt werden. Wir waren fest überzeugt, daß der Hund still werden und uns passieren lassen würde....

Unser »bewährter« Führer wartete auf seinem Platze, wo er sich in Sicherheit fühlte, so lange, bis wir zu ihm kamen. Und nun bewegte sich der Zug weiter. Meine Schwester zeigte und erklärte mir auf dem Wege alles, was mir neu und merkwürdig schien. Wir sahen viele Buden, Krämergestelle und mußten uns durch die Menschenmassen hindurchdrängen, bis wir gegen acht Uhr den Cheder erreichten.

Das Häuschen war wohl einst, vor langer, langer Zeit, gelb

angestrichen. Nun stand es tief in die Erde gesunken mit
kleinen Fensterscheiben, die nur spärlich das Tageslicht
einließen. Das Häuschen war von einer Prisbe (Erdbank)
umgeben, auf der ich meine künftigen Mitschülerinnen, die
ungefähr in meinem und meiner älteren Schwester Alter
standen, bei verschiedenen Spielen sah. Sie gafften mich mit
großen Augen an. Wir blieben vor der Eingangstür stehen.
So leicht konnte der Uneingeweihte hier seinen Weg nicht
finden! Meine Schwester ging voran; sie öffnete die Tür,
sprang in den Flur und streckte mir die Hand entgegen. Ich
erfaßte sie und streckte das eine Bein vor, um Boden zu
finden. Diesen bildete ein halb verfaultes Stück Holz, das
ganz tief eingesunken in dem Lehmboden lag. Ich mußte das
Bein weit von mir strecken, um das Holz zu fühlen. Nun
setzte ich auch das zweite Bein hinunter und tat mutig
einen Schritt vorwärts. Meine Schwester ermahnte mich,
daß ich nicht über die zum Boden führende Leiter stolpere.
Einen Schritt weiter stand schon ein Wasserfaß, an dessen
Rand der große hölzerne Wasserschöpfer lag, der uns Kinder
später immer zum Trinken animierte. Ferner befand sich hier
noch ein Eimer und ein Besen. Links erblickte ich eine Tür,
die statt der Klinke einen hölzernen Stock hatte, der vom
vielen Gebrauch so glatt wie eine Glasur war. Meine
Schwester öffnete die Tür, sie trat in den Schulraum, und
ich folgte ihr. Wir konnten beide nicht bequem gerade
stehen. Beim ersten Schritt stießen wir auf eine Bank, die mit
einem langen Holztisch fast wie verbunden war, auf dem
allerlei Lehr- und Gebetbücher lagen. An der anderen Seite
des Tisches stand eine ähnliche Bank, die bis an die Wand
reichte. Ich überlasse es der Phantasie des Lesers, die Breite
dieses Gemaches zu ermessen! Reb Leser, der Melamed,
thronte oben an der Spitze des Tisches, von da aus konnte
er mit Herrscherblicken das ganze Gebiet übersehen.
Reb Leser war kräftig gebaut, breitschulterig, mit seiner
wuchtigen Gestalt verdeckte er das Fenster, neben dem er

saß, in seiner ganzen Breite und Höhe. Seine wasserblauen, großen, hervorstehenden Augen, vor denen sich fortwährend ein paar kleine graue Pees (Ohrlöckchen) bewegten, und sein langes Gesicht mit dem spitzen, grauen Bart verrieten Selbstbewußtsein und Stolz. Die Stirn mit den starken, geschwollenen Adern zeugte von Energie. Seine Tracht war zeit- und standesgemäß: kurze, an den Knien gebundene Beinkleider, graue dicke Strümpfe, gigantische Schuhe; seine Hemdärmel waren von zweifelhafter Reinlichkeit; ein langer bunter, dunkler Arbakanfos[M] aus Kattun ersetzte den Rock im Sommer (im Winter trug er einen wattierten Rock). Das schwarze kleine Sammetkäppchen auf dem großen Kopf vervollständigte die damalige Tracht seines Standes.

Am anderen Ende des Tisches saß, stets in gebückter Haltung, der Ober-Behelfer. Er hielt einen langen schmalen Holzstift in den Händen (das Deitelholz genannt), womit er den Kindern beim Lesen Buchstaben für Buchstaben, Zeile für Zeile zeigte. Er hatte die Aufgabe, das vom Rebben Vorgetragene mit den Schülerinnen zu wiederholen. Er war immer ernst, hatte eine Nase von der Form eines Spatens, kleine, melancholische Augen und vor den Ohren zwei lange, schwarze Pees, die in steter Bewegung waren.

Wir blieben also stehen, wir m u ß t e n auf demselben Fleck stehen bleiben. Der Rebbe erhob sich, als er mich erblickte mit dem Ausruf: »Ah!« Dann faßte er mich unter die Arme, hob mich auf die Bank und setzte mich neben sich hin. Die Schülerinnen kamen inzwischen hereingelaufen, um mich, das neuangekommene Wundertier, zu sehen und Bemerkungen auszutauschen. Meine Schwester, die bereits heimisch war, suchte ihren Platz auf, blickte aber wie schützend zu mir hin. Angst, Befangenheit, die vielen fremden Gesichter, die dumpfe Luft in der Stube, die niedrige Decke, zu der ich fortwährend ängstlich hinaufsah, das alles und wahrscheinlich noch die Nachwirkung des Schreckens durch den wütenden Hund, schnürten mir die Kehle zu, und ich wußte nichts Besseres anzufangen, als plötzlich heftig und bitterlich zu weinen. Ich schämte mich und machte mir im stillen Vorwürfe, allein ich konnte mich nicht beherrschen. Reb Leser suchte mich zu beruhigen, indem er mir versprach, daß heute noch nicht mit dem Unterricht begonnen wurde. Ich könne mit den Schülerinnen in der Ruhepause spielen. Aber je mehr er mir zusprach, desto reichlicher flossen meine Tränen. Der Rebbe erriet endlich, daß es die vielen neugierigen Augen waren, die mich schreckten, und er stampfte mit seinen großen Füßen auf, daß alles erbebte und er schrie: »Hinaus, auf die Gasse, Schickses![N] Was gafft Ihr, habt Ihr so etwas noch nicht gesehen?« Auf diesen Befehl zerstoben sie nach allen Richtungen und nahmen schließlich ihre Spiele auf der Prisbe auf. Ich ward ruhiger, wagte aber nicht, mich von der Stelle zu rühren. Meine Schwester nahm einen Absatz mit dem Rebben durch, wiederholte ihn mit dem Ober-Behelfer und wollte dann auch zum Spiel hinausgehen und mich mitnehmen. Ich aber ließ mich dazu nicht bereden. Nach einer Weile hörte ich, daß unser ritterlicher Begleiter Welwel vermißt und mit Ungeduld erwartet wurde, da er für fast alle Schülerinnen das Mittagessen holte. Ich war zu sehr mit mir und der neuen Sphäre beschäftigt und hatte gar nicht daran gedacht, wo und wann wir zu Mittag essen würden. Der sehnlichst Erwartete kam endlich und ein seltenes Bild bot sich mir: Welwel trug Krüge, Töpfe, Schüsselchen, Gläser, Löffel verschiedener Gattungen und Größen, Brot und Speisen in folgender Anordnung: die Töpfe und Krüge waren an seinem langen breiten Gürtel, fest um den Leib gebunden und reichten bis weit über die Hüfte. Das Brot plazierte der erfinderische Bocher auf der Brust zwischen dem Hemd und dem Kaftan, die gefüllten Schüsselchen hatte er übereinander gestellt, drückte sie auf dem Arm gegen die Brust recht fest und hielt sie mit der anderen freien Hand.

Das Dessert, das aus Nüssen, Äpfeln, gekochten Bohnen und Erbsen bestand, verwahrte er in seinen langen Diebstaschen. So ausgerüstet, bewegte sich »das Schiff der Stadt« langsam seinem Ziele, dem Cheder, entgegen. Es war ihm tatsächlich nicht möglich, sich irgendwo hinzusetzen.

Endlich war er da! Der Rebbe schalt ihn wegen seiner Saumseligkeit, worauf er klagend erzählte, wo und wie lange er auf das Essen hatte warten müssen. »Gib geschwind die zinnernen Schüsseln und die Blechlöffel her«, befahl nun der Rebbe und schleunigst wurde der Befehl ausgeführt. Der Rebbe schüttete unser Mittagessen in eine Schüssel, und ich bekam einen Blechlöffel, der am Ende des Stieles ein kleines Loch hatte, was bedeuten sollte, daß er »milchig« war, d. h. nur für Milchspeisen gebraucht werden durfte. Ich drehte den Löffel mehrere Male in den Händen hin und her und konnte mich nicht entschließen, damit aus der Schüssel zu schöpfen. Ich dachte bei mir: Wie, nicht aus meinem weißen Porzellanteller und mit diesem blechernen Löffel soll ich essen? Wieder kamen mir die Tränen in die Augen, und der Hals war mir wie zugeschnürt. Der Rebbe sah mich verwundert an und konnte sich diesmal den Grund meiner Tränen nicht erklären! Meine Schwester aber war praktischer als ich (und diesen Vorzug mir gegenüber behielt sie durch das ganze Leben). Sie griff tüchtig zu, führte einen Löffel nach dem andern zum Mund und ließ sichs gut schmecken. Als sie einigermaßen satt war, fragte sie mich verwundert, warum ich nicht esse. Ich blieb ihr die Antwort schuldig, denn ich fühlte, daß mir bei den ersten Worten die Tränen noch wilder aus den Augen stürzen mußten. Ich bezwang mich aber und schöpfte einen Löffel voll, dessen Inhalt ich zusammen mit meinen Tränen verschluckte. Nach beendeter Mahlzeit hob mich der Rebbe von der Bank, und ich begann, wiewohl der Verlauf des Mittagessens mich gekränkt hatte, in meinem kindlichen Sinn alle Vorzüge des Essens im Cheder, im Vergleich zu dem

Mittagbrot zu Hause, herauszusuchen. Hier durften wir während der Mahlzeit nach Belieben sprechen und trinken, was zu Hause erst nach dem Braten gestattet war. Hier durften wir uns vom Tisch erheben, wann wir wollten, zu Hause erst, nachdem der Vater aufgestanden war. Als ich nach dem Essen wieder trinken wollte, machte man mich auf den großen Holzschöpfer auf dem Wasserfaß aufmerksam, den ich benutzen sollte. Dann nahm mich meine Schwester an der einen Hand, eine Schülerin an der zweiten und in ihrer Mitte erschien ich endlich auf der Gasse und beteiligte mich an den Spielen. Das dauerte bis sieben Uhr abends. Da wurden wir in das Cheder-Lokal zusammenberufen, um das Abendgebet zu verrichten. Der Behelfer stand in der Mitte. Wir um ihn geschart. Unsere Augen auf ihn gerichtet, sagten wir ihm jedes vorgesprochene Wort nach, dann ging es rasch nach Hause.

Ich kehrte von den Erlebnissen des Tages so abgespannt heim, daß ich meiner Njanja nur wenig erzählen konnte. Ich trank meinen Tee und schlief ohne Abendbrot ein. Doch erwachte ich am nächsten Morgen mit einer gewissen Ungeduld und voll des lebhaften Verlangens, daß der Cheder-Behelfer möglichst rasch kommen möge, damit ich nur die Gesichter, die mir gestern noch so peinlich waren, wiedersehen könnte. Aber noch mehr sehnte ich mich danach, die unterbrochenen Spiele fortzusetzen. Welwel, der tapfere Wegweiser, erschien auch pünktlich, und wir kamen diesmal ohne Zwischenfall in den Cheder.

Und nun benahm ich mich auch schon anders.

Ich lernte zum erstenmal mit meinem Rebben, später spielte ich mit den anderen Schülerinnen. Es verging kaum eine Woche, da fühlte ich mich schon sehr behaglich und kannte jeden Schlupfwinkel in der Schule.

Außer der langen, schmalen Lehrstube gab es noch ein langes, finsteres Durchgangsloch, — jede andere

Bezeichnung dafür wäre unrichtig — in welchem sich das Bettgestell des Rabbi und das seiner Rebbezin befanden. Vor den Betten hing auf zwei dicken Stricken, die über einen Balken gespannt waren, die Wiege, in der ihr einziges Töchterchen Altinke lag; jeder, der nach dem dritten Raum wollte, stieß unvermeidlich gegen diese Wiege, die dann noch lange in Bewegung blieb. Dieser Raum, ebenso die Bett- und Wiegenwäsche waren keineswegs sauber zu nennen. Aber man muß mit allem zufrieden sein, heißt es, und die Bewohner dieser verfallenen Hütte waren es im vollsten Sinne des Wortes. Sie verlangten nicht mehr. Ihre einzige Sorge war nur, daß ihre »Altinke« (wiewohl schon 2 Jahre alt, konnte das Kind noch nicht aufrecht stehen) als die einzige von vier Kindern am Leben blieb. Man behütete und pflegte sie und schützte sie wie den Augapfel. Am Halse trug es verschiedene Amulette: Ein M'susele[O] und ein Heele (auch eine Art von Amulett, welches aus Blei gegossen, mit einer mystischen Aufschrift versehen war). Das Bändchen, an dem diese Dinge und auch ein Wolfszahn hingen, klebte infolge der beständigen Nässe vom Mundspeichel und des Schmutzes an dem wattierten Leibchen des Kindes. Dieses kleine, unglückliche Geschöpf lag meist in der Wiege, da Feige, so hieß die Rebbezin, allerlei Geschäfte auf eigene Faust führen mußte, wie Honigkuchen mit warmem Kraut backen, Erbsen und Bohnen kochen, Leckerbissen, die ihr die Schülerinnen täglich abkauften. Besonders waren es die Gluckhenne mit ihren Küchlein, die ihr viel zu schaffen machten. Freilich blieb bei dieser Arbeit wenig Zeit, das Kind auf dem Arm herumzutragen. Täglich wählte sie eine andere der Schülerinnen, die ihr in allen häuslichen Angelegenheiten behilflich war; so entdeckte sie auch in mir eine gehorsame, willige Helferin. Bald wiegte ich ihr Kind (was ich übrigens mit großem Vergnügen tat), bald half ich ihr, den Spaten mit Mehl zu bestreuen, wenn sie das Brot in den Ofen schieben mußte; bald sah ich unter die

Siebe nach frisch gelegten Eiern (mit denen ich mir, wenn sie noch ganz warm waren, gern über die Augen strich).

Die Gestalt der Rebbezin erinnerte an eine Hopfenstange; sie hatte ungewöhnlich lange Arme, einen langen, dünnen Hals, der einen Pferdekopf trug, kleine, umherirrende Augen, knochige Wangen und blaue, dünne Lippen, die sich seit der Kindheit wohl nicht mehr zu einem Lächeln verzogen hatten. Die lange Habichtsnase verdeckte zur Hälfte den Mund und gab dem Gesicht den Ausdruck eines Raubvogels. Die langen Pferdezähne und vor allem die Zahnlücken bewirkten, daß die Worte aus ihrem Munde nicht sehr schön klangen. Aber das hinderte sie weiter nicht, ihre ganze Umgebung vom frühen Morgen bis zum späten Abend von dem Vorhandensein ihres ungeschwächten Sprechorgans zu überzeugen. Auch ich sollte bald erfahren, daß mit der Rebbezin nicht zu spaßen war, und ein Handgriff von ihr nicht auf ein sehr sanftes Wesen schließen ließ. Mein Kätzchen hatte ich zu Hause lassen müssen, ich verschmerzte es zu Beginn, weil ich an den Hühnern der Rebbezin Ersatz fand. Ich ging oft zum Pripoczok (Ofen, unterer Teil), zur brütenden Henne und sah zu, wie sie mit ausgebreiteten Flügeln behutsam auf den Eiern saß. Ihr Auge drückte während dieser Zeit fast eine menschliche Zärtlichkeit aus. Das Tier saß geduldig ohne Nahrung und wartete, bis man sie herunternahm und sie fütterte. So geschah es einmal, daß ich mich zur Gluckhenne beugte, um sie wegzutragen und zu füttern. Die Rebbezin erblickte mich dabei von ihrem Sitz aus und erschrak über die Möglichkeit, daß ich die Henne aufscheuchen und daß sie am Ende wegfliegen könnte. Die Eier würden kalt und nicht mehr ausgebrütet werden können. Behende sprang Feige zu mir, erfaßte mich etwas unsanft an der Schulter und schrie aus Leibeskräften: »Was tust du? Was willst do hoben? Meschuggene, a weg!« (fort von hier). Ich sah zu der vor Zorn keuchenden Rebbezin auf. Die Henne entriß sich tatsächlich meinen Händen und wandte ihren raschen Flug nach der Richtung, wo Reb Leser thronte; daneben befand sich im Winkel ein dreieckiges Fächerchen, darauf ließ sich die Henne nieder, sah mit lautem Gegacker umher, als gefiele es ihr hier, begab sich hierauf auf Reb Lesers Kopf, duckte sich nieder und ließ ein Andenken an ihren kurzen Aufenthalt zurück; dann flog sie, mit den Flügeln schlagend, auf das Fach, wo die Zinnteller und Schüsseln standen, warf alles um, was natürlich viel Lärm machte und suchte ihr Loch unter dem Pripoczok auf, wo sie sich endlich beruhigte. Dagegen konnte sich Reb Leser nicht so bald beruhigen, der, als die um den Tisch sitzenden Schüler mit lautem Lachen nach seinem Kopf zeigten, nach seiner Kopfbedeckung faßte, und da er voll Wut das hinterlassene Andenken wegwischen mußte, schalt und fluchte er mit lauter Stimme. Seiner Ehehälfte schwur er hoch und teuer, er werde alle ihre Hühner schlachten. Das sollte sogar schon morgen geschehen. Aber unsere unerschrockene Rebbezin dachte anders darüber und verteidigte bei offener Tür ihre Schützlinge. Sie brachte Argumente vor, die mich als die Hauptschuldige an dem Unfall erkennen ließen. Schließlich meinte sie, ihr Mann hätte überhaupt kein Recht, die Hühner zum Tode zu verurteilen. Ihre glänzende Verteidigungsrede war wohl hinreichend energisch gewesen, da Reb Leser den kürzeren zog und zum Schweigen gebracht wurde. So verwandelte er das Todesurteil in eine Begnadigung. Diese Begebenheit gab viel Stoff zu Gesprächen im Cheder und im sogenannten »Schmolen Gässel« (schmalen Gäßchen). Es hatten sich viele Zuschauer eingefunden, die zu den Fenstern hineinsahen und beinahe in den Kampf mit hineingezogen wurden. Diesen Abend hatte ich meiner Njanja viel zu erzählen....

Wenn Reb Leser schließlich die Bemerkungen seiner Frau unbeantwortet gelassen hatte, so tat er es mit dem Selbstbewußtsein eines Mannes, dessen Würde trotz alledem unbestreitbar war. Er hatte auch allen Grund dazu, denn er war nicht nur in seinem Hause, in der Schulgasse und im schmolen Gässel, sondern auch weiterhin auf der Insel Kempe, jenseits des Teiches, sehr populär! Zu Reb Leser, dem Melamed, kam man, wenn ein Kind erkrankte, fieberte. Er verstand zu heilen und ein »Ajin hora« (böses Auge, Blick) zu besprechen. Er nahm zu diesem Zwecke ein Kleidungsstück des »Befallenen«, etwa ein Strümpfchen oder ein Leibchen, flüsterte einen geheimnisvollen Spruch und spuckte dreimal darauf. Das genügte, um das Kind genesen zu machen, ohne daß er es persönlich gesehen hätte. Dem Überbringer wurden die Gegenstände mit den Worten zurückgegeben: »Es wird schon gesund werden.« Hatte jemand Zahnschmerzen, so stellte ihn Reb Leser bei Mondenschein Punkt zwölf Uhr nachts gegen den Mond und streichelte ihm bald die rechte, bald die linke Backe, wobei er mystische Worte murmelte. Und Reb Leser war dann sicher, daß der Schmerz aufhören würde — eventuell freilich erst nach langer Zeit oder nachdem der Zahn gezogen war. Wer an heftigen Rückenschmerzen litt, mußte sich auf der Diele hinstrecken; Reb Leser, der B'hor (Erstgeborene), stellte sich mit einem Fuß auf den Rücken des Kranken für einen Augenblick und der Kranke war genesen!

Wollte jemand eine Kuh kaufen, so war er fest überzeugt, daß sie viel Milch geben würde, wenn Reb Leser den Kaufpreis zum Scheine nach längerem Feilschen festgesetzt hatte. Ein Wort von Reb Lesers Lippen vermochte vieles zu bewirken.

Das waren die kleinen Quellen seines Einkommens; dagegen brachte ihm das Schadchengeschäft viel mehr Geld ein. Diese Tätigkeit warf ihm beinahe so viel ab wie seine Schule und hatte dabei auch den Vorzug, daß sie gewöhnlich bei einem Gläschen Schnaps vor sich ging. Je nach dem Gelingen einer Partie mehrten sich seine Freunde und — Feinde. Von den letzteren gab es mehr!.. Reb Leser ließ sich darob keine grauen Haare wachsen. Ihm galten alle Partien gleich gut. Er betrieb dieses Geschäft in seinen Mußestunden zwischen Minche und Marew am Sonnabend Abend, da der Jude von damals, nachdem er vierundzwanzig Stunden geruht hatte, in der richtigen Stimmung war, von derartigen Dingen zu sprechen. Es war vielleicht gut, daß Reb Leser so wenig Zeit auf diese Sache verwenden konnte....

Der denkwürdige Vorfall mit der Henne war hinreichend, mir das Innere des Cheders zu verleiden und mich stärker für die Spiele draußen zu interessieren. Ich erreichte in manchem eine große Fertigkeit — so im Zeichenspiel, wobei man sich einer Art aus Knochen primitiv gefertigter Würfel bediente; im Nüsse-Spiel und im Stecknadelspiel paar und unpaar. Eine meiner Freundinnen war im Stecknadelspiel sehr geschickt und erregte meinen Neid: sie konnte eine Menge von Stecknadeln unterhalb der Zunge im Munde halten und dabei ungehindert sprechen.

Es wurde so viel gespielt, daß wir Kinder gar oft den eigentlichen Zweck unseres Schulbesuches vergaßen.

Ich machte mich bald mit der ganzen Umgebung des Chederlokals vertraut und stand mit der Nachbarschaft auf gutem Fuß. Mein besonderer Liebling war der kleine Schulklopfer, ein mageres, gebeugtes Männchen mit einem grüngelben Ziegengesicht und blöden Ziegenaugen, die den Zug des Gequälten hatten. Sein ganzes Leben schien er an Keuchhusten zu leiden. Wenn wir Kinder ihn in der Gasse erblickten, liefen wir ihm entgegen und schrieen übermütig: »In schaul! In schaul!« und begleiteten ihn eine Strecke. Er erschien nämlich vor dem Morgen- und Abendgebet in der Schulgasse und rief, mit seiner ganzen noch übrig gebliebenen Lungenkraft schreiend: »In schaul! In schaul!«, die Gemeinde zusammen. Dann stemmte er die Hände in die Seiten und konnte lange vor Husten nicht zu Atem kommen. Übrigens hatte er noch eine andere Beschäftigung;

an jedem Freitag lief er kurz vor Beginn des Sabbathfestes zu den jüdischen Krämern und ermahnte sie, die Läden rasch zu schließen. Und vor Neujahr weckte er mit Tagesanbruch die Gemeinde zu Sliches (Frühgebet während der ganzen Woche vor dem Neujahrsfest).

Der kleine, niedere Cheder-Raum konnte alle Schülerinnen nicht fassen und draußen vor der Tür verjagte uns oft die sengende Sonnenglut; so mußten wir uns mit unseren Würfel- und Nüssespielen in eines der vielen Vorhäuschen in der gegenüber dem Cheder befindlichen großen Synagoge flüchten, wo es immer kühl und geräumig war. Ich entsinne mich, daß ich nie weiter als ins Vorhaus zu gehen wagte und welchen gewaltigen Eindruck ich hatte, als mich die Gespielinnen einmal zwangen, die Abteilung zu betreten, in der die Männer zu beten pflegten. Der große Raum mit den vielen Bänken und Tischen war imposant. In der Mitte der Synagoge befand sich ein viereckiger erhöhter Platz, der von einem niederen, geschnitzten Geländer umgeben war; auf dieser Erhöhung stand ein schmaler, hoher Tisch, auf dem die Thorarollen beim »Leienen« lagen. Im Hintergrund war eine hohe Pforte, deren zwei Türen zum Oren-hakodesch führten. Diese heilige Lade war mit einem roten Sammetvorhang verhängt, in dessen Mitte das Mogendavidzeichen eingewirkt war. Zu beiden Seiten dieses jüdischen Paniers standen in Lebensgröße zwei Löwen aus Bronzemetall in aufrechter Stellung, wie Wache haltend. An der östlichen Wand, der Misrachwand, waren die Ehrenplätze für die ältesten und angesehensten Juden der Stadt Brest. Dort befand sich auch die »Matan b'sseisser Puschke«, d.h. die Büchse der geheimen Gaben. Wenn jemand ein Lieblingswunsch in Erfüllung gegangen oder ein besonderes Glück widerfahren war, wovon er zu niemand sprechen mochte, spendete er ganz im geheimen etwas in diese Büchse. Außen war nur ein kleiner Spalt in einer Nische der Mauer zu sehen. In diese Öffnung warfen die Spender ihre geheime Gabe, nicht ohne sich vorher ängstlich zu vergewissern, daß auch niemand sie beobachte. Von der himmelblau mit silbernen Sternen bemalten Decke der Synagoge hingen an Ketten zahlreiche Leuchter herab. All diese seltsame Pracht erfüllte das Kindergemüt mit Ehrfurcht und Scheu.

Meine Begleiterinnen erzählten mir, geheimnisvoll flüsternd, daß sich hinter den hohen Türen des Oron hakodesch ein Schrank mit vielen Sefer thaures (heilige Rollen) befinde und daß von da ein unterirdischer Gang nach Jerusalem führe. Freitag Abend versammeln sich die vom Gehinom (Hölle) befreiten R'schoim (Sünder), um allerlei Schabernack zu treiben. Noch andere, ähnliche Märchen erhöhten meine angstvolle Scheu. Ganz besonders wirkte auf mich das Märchen vom »lehmenen Goilem« (Ton-Figur) ein: auf dem Oren kaudesch in der Synagoge da liegt eine große Figur aus Ton, die einst alle Handlungen eines lebenden Menschen verrichten konnte. Die alten Kabbalisten bedienten sich solcher Tonfiguren, die sie mit Amuletten, Hieroglyphen und sonstigen, niemand bekannten Zeichen versahen und flüsterten den Lehmfiguren Zauberformeln ins Ohr, daß sie anfingen sich zu regen und allerhand Dienste leisten konnten wie ein Mensch. Alles, was diese Figur tun sollte, mußte man ihr bis ins einzelne genau und bestimmt angeben, z.B.: »Geh zur Tür, ergreife die Klinke, drücke sie nieder, mach die Tür auf, mach sie zu, geh in das Haus in jener Straße, drücke die Klinke nieder, mach die Tür auf, mach sie zu, begib dich ins erste Zimmer, geh an den Tisch, an dem mein Freund sitzt, sag ihm, er soll heute mit dem Buch zu mir kommen.« Auch der Rückweg mußte der Figur Schritt für Schritt genau beschrieben werden, sonst war der Goilem (die Tonfigur) imstande, das ganze Haus, in dem der Freund wohnte, auf seinen Schultern zu bringen. Er war eben ein Trottel; und noch heute ist im jüdischen Volke die Bezeichnung: »Du bist ein lehmener Goilem« ein

Schimpfwort.

Ein einziges Mal wagte ich es noch, allein den großen Raum zu betreten, aber ich lief, von einem unheimlichen Schauer erfaßt, weinend und schreiend fort, und Reb Leser verbot mir, ohne Begleitung wieder hinzugehen.

Ich sehe noch jetzt im Geiste den schönen, majestätischen Bau im altmaurischen Stil mit dem runden Glasturm, durch dessen Scheiben das Tageslicht fiel und das Innere der Synagoge erhellte.

Als die Stadt Brest demoliert und 1836 zu einer Festung umgewandelt wurde, mußte auch die Synagoge niedergerissen werden und der Grundstein, den man fand, wies auf frühere Jahrhunderte zurück, auf die Tage Saul Wahls, der für eine Nacht von den streitenden polnischen Parteien zum König gewählt worden war. Wahl hatte die Synagoge zum Andenken an seine verstorbene Frau Deborah erbaut.

II. Teil.

Dem Rosch-Chodesch (Neumond) Sivan (etwa Mai) folgte sechs Tage später das Schewuaus-Fest (Pfingsten), das schöne und angenehme Fest, von dem die Juden sagen, daß man alles und überall essen darf, während man am Osterfest nicht alles und am Laubhüttenfest nicht überall, d. h. nur in der Laube essen soll. Daher dauert Sch'wuaus nur zwei Tage....

Auch für dieses Fest wurden natürlich in unserem Hause mancherlei Vorbereitungen getroffen. Uns Kindern wurde im Cheder die Bedeutung des Festes erklärt als Gedenkfeier an den Tag, an dem Moses auf dem Berge Sinai die heiligen Gesetzestafeln empfangen hatte. Drei Tage vor Pfingsten (Schlauscho jemei hagbole wird diese Periode genannt), endet die Trauer der Sfirezeit und die Freude lebt wieder auf. Man sucht sich für die sechswöchentlichen Entsagungen schadlos zu halten. Die Kinder blieben nur einen halben Tag im Cheder und tummelten sich ungebunden im Freien und im Hause herum. Und in den Häusern wurde wieder gebraten und gebacken, namentlich viel Butterkuchen! An diesen Festtagen ißt man hauptsächlich Milch- und Buttergerichte. Die traditionellen Käse-Blintschki mit saurer Sahne, eine Art Flinsen, dürfen nicht fehlen. Am Erew-Jomtow, am Vorabend des Festes, gab es wieder viel eilige Arbeit im Hause. Alle Zimmer wurden mit Grün geschmückt und festlich beleuchtet: Wir Kinder wurden festlich gekleidet und der Tisch zum Abendessen gedeckt; die Fenster der mit Kerzen erleuchteten Räume standen weit offen, und die warme, frische Frühlingsluft strömte herein, ohne die Flammen der vielen Kerzen auch nur leise zu bewegen. Sie brannten ruhig und feierlich.

Die Männer kamen vom Bethaus zurück und man begab sich zu Tische. Schon nach dem ersten Gang wurde ein

Abschnitt aus dem Tiken-Schwuaus-Gesetze von den Männern vorgelesen und nach dem zweiten Gericht wieder ein Abschnitt. Nach dem Essen zogen sich meine Schwäger mit ihrem Melamed in ihr Studierzimmer zurück, um dort bis zum frühen Morgen den Tiken-Schwuaus zu Ende zu lesen. Mein älterer Schwager unterzog sich ohne Murren diesem Gebot. Aber der jüngere hätte wahrscheinlich eine andere Beschäftigung vorgezogen. Aber es half nichts, die Disziplin und die religiöse Tendenz unseres Hauses galten mehr als persönliche Wünsche und Neigungen. Auch dann noch, als der Geist Lilienthals in den Köpfen der jungen Leute schon schwirrte.

Am frühen Morgen ging es in die Synagoge, wo ein Festgottesdienst abgehalten, die Akdamess (Anfänge) gesagt, die M'gile (Ruth) vorgelesen wurde, was oft bis 12 Uhr Mittags währte. Im Hause herrschte frohe Laune: man trank vortrefflich duftenden Kaffee und aß Butterkuchen und Blintschikes und ging hierauf im Freien spazieren.

Bald kam auch der Sommer mit seinen Herrlichkeiten, die wir Kinder nach Herzenslust genossen. Die Zeit von Pfingsten bis zum siebzehnten Tag im Tamus (Monat Juli) war für den Juden der ersten Hälfte des vorigen Jahrhunderts die genußreichste und schönste des ganzen Sommers. Aber zu lang darf die Reihe von schönen Tagen für ihn nicht sein, sonst könnte er in seinem Übermut Gott vergessen und darum, glaube ich, ist ihm nach einer kurzen Erholungszeit immer wieder ein Fasttag auferlegt. Und so ist schon der Schiwo osser betamus (siebzehnte Tag im Tamus) ein Fasttag, dem die sogenannten drei Wochen folgen, die mit einem Trauertag, dem neunten Tag des Monats Ab (Tischeb'aw) endigen. Und wieder ist es untersagt, Vergnügungen nachzugehen, Hochzeit zu halten, im Flusse zu baden, Schmuck zu tragen und in den letzten neun Tagen darf man auch kein Fleisch genießen; am neunten Tage, am Erew-Tischeb'aw, wird in der Synagoge und im Hause eine Trauergedenkfeier an die Zerstörung Jerusalems abgehalten. Am Freitag vor Schabbes-chason (Sonnabend vor Tischeb'aw) erschien einmal unsere Mutter, während wir am Frühstückstisch saßen, erregt und ernst, in der einen Hand ein mit einer schwarzen Masse gefülltes Holzgefäß, in der andern Hand einen Pinsel haltend. Wir waren gespannt, was die Mutter damit beginnen wollte. Sie stieg auf das Sopha und machte mit dem Pinsel auf die schöne rote Tapete einen viereckigen, schwarzen Fleck. Auf unsere Frage, was dies zu bedeuten habe, erhielten wir zur Antwort, dieser Fleck, den sie seicher l'churben nannte, soll uns erinnern, daß wir Juden im Golus, d. h. unterjocht sind. Ich entsinne mich noch, wie mein Vater und die jungen Männer am Erew-Tischeb'aw, d. h. am Vorabend des neunten Tages im Monat Ab die Schuhe ablegten und auf niederen Schemeln Platz nahmen. Der Bediente stellte eine niedrige Holzbank vor sie hin und setzte darauf das Fasten-Abendbrot, das aus hartgesottenen Eiern bestand, die in Asche gewälzt und dann mit harten Kringeln gegessen wurden. Bewegt, mit dem Ausdruck aufrichtiger Trauer in den Zügen, saßen sie da, als hätten sie die Zerstörung des Tempels zu Jerusalem selbst miterlebt, mit eigenen Augen seinen Glanz, seine Größe untergehen sehen. So gegenwärtig war ihnen die Vergangenheit, so tief empfindet der fromme Jude noch heute den Schmerz um den Verlust der alten Heimat. Dann gingen die Männer in Strümpfen ohne Stiefel in die Synagoge. Meine Mutter blieb mit den älteren Schwestern zu Hause. Es wurden mehrere Fußbänke in ein Zimmer gebracht und Kerzen auf niedrige Tische und Stühle gestellt. Wir alle setzten uns um die Mutter herum auf die Fußbänke und nun begann man mit der Verlesung der »Zerstörung von Jerusalem«. Die Mutter weinte und wir Kinder weinten leise mit. Dann wurde noch die M'gile Echo — die Klagelieder — vorgelesen und unsere Tränen flossen reichlich. Die Buben freilich hatten ihr eigenes Treiben.

Runde, grüne Kletten, wie kleine Kartoffeln, mit Stacheln wie Stecknadeln bewachsen, die an jeden Gegenstand sich anheften, pflegten die »kundesim« (Gassenjungen) am »erew tischeb'aw« den ernst trauernden, alten Männern in die Haare und an die Strümpfe zu werfen, um diese zu ärgern.

Am folgenden Tage herrschte noch tiefe Trauer und die schwere Stimmung lag noch auf allen. Des Morgens durften wir uns nicht einmal waschen; auch wir Kinder fasteten manchmal etliche Stunden und die Eltern lobten unsere Standhaftigkeit. Mit desto größerem Appetit fielen wir über das Essen her, als der halbe Tag vergangen war. Im Hause begann es auch wieder lebhafter zu werden, man räumte die Zimmer auf und in der Küche regte sich's wieder. Wir Kinder nahmen Spiel und Vergnügen auf. Eines dieser Spiele an einem Tischeb'aw blieb mir besonders in Erinnerung: Mein Bruder hatte schon einige Tage vorher mit einem Freunde gleichen Alters, dem jetzigen Doktor H. S. Neumark, verabredet, daß er an diesem Tage einige hundert Knaben aus der Stadt Chedunim zu meinem Bruder nach der Vorstadt Zamuchawicz bringen solle, mit denen die beiden diesen Tag entsprechend und würdig verbringen wollten. Sie beabsichtigten nämlich, zur Erinnerung an jene Schlacht, die vor ungefähr 2000 Jahren bei der Zerstörung des Tempels zu Jerusalem stattgefunden, einen Kampf zu veranstalten. Die Jungen mußten ihre rotgefärbten Holzschwerter, wie sie an diesem Tage jeder jüdische Knabe besaß, mitbringen. Als Waffen dienten auch Pfeil und Bogen, ein Knüttel, selbst eine Bauernpeitsche. Doch galt hier hauptsächlich die persönliche Tapferkeit mit der Faust. Mein Bruder und sein Freund wählten einen freien Platz, neben unserem Hause, auf dem die Schlacht stattfinden sollte. Die »Soldaten« kamen einzeln und in Scharen. Die Kampflustigen waren verschieden an Größe, Alter und Stand; doch wurden in diesem Heer derartige Kleinigkeiten nicht beachtet! Es wurden Generäle, Oberste und Offiziere eingesetzt, und die anderen bildeten sodann die Mannschaft — das Fußvolk; mein Bruder und sein Freund wurden zu Königen ernannt. Die Generäle erhielten Sternchen aus Papier und Eichenlaubblättern; über die Schulter quer fielen Schärpen aus blauem, rotem oder weißem Glanzpapier. Die Dreispitzhüte wurden aus dunkelblauem Zuckerhutpapier hergestellt, die von den Knaben Krepchen (Kreplach) genannt und mit Büschen aus Hahnenfedern geschmückt wurden. Der Oberste trug als Abzeichen Schnüre aus roten Beeren um die Schulter, und den Offizieren steckte man als Kokarde eine große, gelbe Kamille an den Schirm der Mütze. Die ganze Armee wurde in zwei gleiche Abteilungen geteilt und jeder König übernahm sein Heer und stellte die Soldaten in Reih' und Glied auf. Die Kleidung der Könige unterschied sich in auffälliger Weise von der der anderen Krieger; der eine König hatte ein grosses Handtuch, der zweite ein Laken quer über der Brust und beide trugen zahllose Orden, die auf dem Felde und auf den Wiesen gepflückt waren: Sonnenblumen, weiße, gelbe und rote Blüten in allen Größen. Und um die königlichen Häupter waren große Kränze aus Hanfzweigen gewunden. Zwischen beiden Armeen wurde ein Kordon gezogen, und nun sollte das Zeichen zum Angriff gegeben werden. Doch wer sollte mit dem Angriff beginnen? So schrie man denn von der einen Seite herüber: »Scheli, scheli, scheloch!« (Schick' Dein Volk heraus!) Darauf erwiderte man: »Mein Volk ist krank.« Nun näherte sich aus diesem Heere ein Krieger dem König des ersten Heeres, ergriff dessen Hand und sagte, den Zeigefinger erhebend: »Der Malach (Engel) hat dir drei Plätze geschickt — siehst du Feuer? Siehst du Wasser? Siehst du den Himmel?« Der König mußte bei der letzten Frage zum Himmel hinaufsehen, indeß der Bote entfliehen und den Kordon überschreiten mußte, wenn er nicht gefangen genommen werden sollte. War es ihm aber geglückt, den Kordon rechtzeitig zu überschreiten, so hatte sein Volk den

Vorzug, den Kampf zuerst beginnen zu dürfen. Nun fing man mit Schwert und Pfeil und Bogen an; da diese Waffen aber bei dem ersten Zusammenprall zerbrachen, waren die Soldaten auf ihre Fäuste angewiesen.

Eine Viertelstunde mochte der Kampf bereits gedauert haben, aber noch war der Sieg nicht entschieden. Das Heulen und Schreien jedoch wuchs entsetzlich an. Da schwenkte einer der Könige ein weißes Taschentuch auf einem weißen Stock und schrie laut: »Genug! Stillstehen! Nicht mehr schlagen!« Die zügellosen Jungen hörten aber nicht darauf und fuhren fort, die Schädel und Rücken der Schwächeren zu bearbeiten, bis sie durch Hiebe ermahnt werden mußten, das fast zum Ernst gewordene Spiel abzubrechen. Die meisten zogen mit Ehrenzeichen, wie blaugeschlagene Augen, blutende Nasen, verwundete Beine, vom Kriegsschauplatz ab. Die Könige trösteten die braven Helden, und wir Mädchen, die der Schlacht zusahen, brachten von Hause frisches Wasser, Handtücher, Tischtücher und erfüllten das Amt der barmherzigen Schwestern, indem wir den Verwundeten die blutenden Stellen wuschen und trockneten. Nachdem die Ruhe einigermaßen hergestellt war, fingen die Heerführer an, den Triumphzug vorzubereiten. Wir wurden aufs Neue ins Haus geschickt, um die nötigen Requisiten zu holen, wie ein großes Messingbecken, das Messingtablett des Samowars und einige Kupferkasserollen. Die Soldaten hatten mit Papier überzogene Kämme, die als Blasinstrumente verwendet werden sollten und hölzerne kleine Pfeifen. Die ganze Armee wurde wieder auf dem Platz gesammelt und geordnet. Zwar konnte sich mancher Soldat nur mit Mühe auf den Beinen halten, allein an dem feierlichen Akt, der nun folgen sollte, wollte jeder teilnehmen. Nun wählte man unter den Soldaten einige aus, welche die von uns zusammengetragenen Geräte als Musikinstrumente zu behandeln verstanden. Die Könige nahmen eine würdevolle

Haltung an, als sie mit überlautem Hurrah! begrüßt wurden und mit ihren bekränzten Häuptern den Dank nickten. Der Zug setzte sich in Bewegung. Das Messingbecken, von einer mächtigen Faust geschlagen, machte betäubenden Lärm. Die beiden kräftig aneinandergeschlagenen Kasserollen dröhnten. Die schrillen Töne der Pfeifen klangen wie ein schwacher Protest gegen diesen Lärm und das Getute auf den mit Papier überzogenen Kämmen ergänzte diese seltsame Musik. Auch die Stimmen der Soldaten taten ihr Möglichstes: Sie sangen einen Zapfenstreichmarsch mit wilder Kraft. Unter diesen Musikklängen bewegte sich der Triumphzug langsam vorwärts. In der Haltung der Könige lag etwas Imposantes, das sie mit Recht zu Herrschern unter diesen Knaben machte. Wir Mädchen begleiteten den Zug mit Händeklatschen und waren von dem ganzen Schauspiel entzückt. Man marschierte an dem Garten entlang, bei unserem Hause vorbei. Dann lösten sich die Truppen auf, und ein jeder Krieger ging mit Stolz von dannen. Auch die Könige verabschiedeten sich mit huldreichen Worten, zufrieden mit dem Gelingen des Unternehmens, das lange das Gespräch in der ganzen Stadt bildete. Trotz der blutigen Köpfe freuten sich unsere Eltern über die Sitte der kriegerischen Spiele sehr.

Die jüdische Sitte hat, wie es scheint, das Bestreben, jeden Trauer- oder Fasttag durch einen darauffolgenden Freudentag auszugleichen. So folgt auf Tischeb'aw bald Schabbes-Nachmu, d. i. der trostreiche Sabbath: Gott tröstet sein Volk und verspricht ihm durch den Mund des Propheten die Wiederaufrichtung des Tempels, der sich noch herrlicher als zuvor erheben soll und verjüngt wird die Mutterstadt Jerusalem aus ihren Trümmern erstehen. An diese Verheißung glaubten meine Eltern unerschütterlich fest. Sie hatten noch ihre Illusionen und Hoffnungen, die sie vor Verzweiflung schützten und ihnen die Kraft verliehen,

97

die Leiden der Gegenwart zu tragen. Gehörte doch zu jener Zeit ein Selbstmord unter den Juden zu den größten Seltenheiten, weil sie in dem Glauben an Gottes Wort und an das Jenseits Trost für alles irdische Leiden fanden. Dieser starke Glaube lebt auch in einem kleinen Liede, das uns unsere fromme, kluge, gütige Mutter lehrte.

Es lautete ungefähr:

Der Jude, der Jude, ein wunderbares Ding,
Betrachtet ihn mit Ehrfurcht, achtet ihn nicht gering!

Dem winzigsten Volke gehört er ja an,
Doch hüben und drüben man treffen ihn kann.

Steig' immer zur Höhe, du stoßest auf ihn,
Sinke nieder zur Tiefe, du wirst ihn nicht fliehn!

Schließ dich ein in Burgen, er bleibt Dir dennoch nah,
Verkrieche dich in Hütten, du findest ihn auch da!

Gefoltert, gemartert, gepeinigt aufs Blut,
Beharret im Glauben, verliert nicht seinen Mut!

Du glaubst ihn bezwungen zu Boden gestreckt,
Er richtet empor sich: Er ward nur erschreckt!

Eins aber sagt ihm immer sein Herz:
Was immer du auch leidest, Gott lohnet deinen Schmerz!

Ein ander Liedchen, das sie uns lehrte, ist eine Allegorie, ein Gemisch in polnischer und althebräischer Sprache. Nach der neuesten Meinung der jüdischen Forscher in Rußland haben die Juden in Rußland nur Russisch mit Hebräisch vermengt gesprochen, so auch in Polen. Diese Meinung stützt sich auf eine Menge Volkslieder, die in der neuesten Sammlung von Saul Günzburg in Petersburg herausgegeben wurden.

Immer kehrt derselbe Gedanke wieder; immer ist die allegorische Anspielung klar, daß die Juden für die Sünden ihrer Vorfahren leiden, aber von Gott die Verheißung erhalten haben, daß er sie wieder aufrichten wird. Meine Mutter sang diese Liedchen mit leuchtenden Augen und versicherte uns Kinder im seligsten Vertrauen, daß sich diese Verheißung auch gewiß einst erfüllen müsse. Erst im reiferen Alter begriff ich ihre Inbrunst beim Gebet, diese echte

Religiosität und die aufrichtende Kraft eines reinen Gottesglaubens. Ich sehe sie noch vor mir, wie sie mit geschlossenen Augen und herabhängenden Armen versonnen dastand, und wie sie, entrückt, allen kleinen, irdischen Dingen, das leise Gebet Schemoneessere betete. Die Lippen bewegten sich kaum, aber in ihren Zügen lag ihre betende Seele! Fromme Ergebung, das Bewußtsein der Sündhaftigkeit, ein Flehen auf Vergebung und Hoffnung auf die Gnade des Herrn.

Der Schabbes-Menachem brachte Frohsinn in das jüdische Leben, und man beeilte sich, die Entbehrungen der Trauerzeit, da Eheschließungen und sonstige Vergnügungen verboten waren, wettzumachen, und die Töchter oder die Söhne so rasch wie möglich in goldene Ketten zu legen! Lange durfte man nicht zögern, denn dem Monat der Fröhlichkeit folgte schon Rosch Chodesch Elul (Neumond September) und mit dem Wehen und Blasen der Herbstwinde und dem Fallen des gelb gewordenen Laubes begann auch die Zeit des Schofars, der den ganzen Monat hindurch täglich nach dem Frühmorgengebet geblasen wurde. Er rief wieder zur Selbsteinkehr und Sammlung, regte die Selbstanklage an, die Reue wegen der im ganzen Jahr begangenen Sünden. Fasten, Kasteiungen und die heißen Gebete zum Schöpfer sollten die Vergebung vorbereiten. Und viele fromme Werke wurden geübt. In den meisten jüdischen Häusern waren damals an irgendeiner Zimmerwand, meist in der Nähe der M'susaus im Eßzimmer, Sammelbüchsen aus Blech mit Deckelverschluß angebracht. Die eine dieser Büchsen hieß die »Erez Jisroel Puschke«. Die darin gesammelten Münzen waren für die talmudischen Schulen in Palästina und für alte Leute in Jerusalem bestimmt, die meist dorthin ausgewandert waren, um auf dem heiligen Boden zu sterben und in palästinensischer Erde begraben zu werden. Schrieb man doch dieser die Kraft zu, die in ihr ruhenden Toten vor der Verwesung zu bewahren, so daß sie sich bei der Ankunft des Messias in voller Frische aus ihren Gräbern erheben würden. Im Vertrauen auf die der palästinensischen Erde innewohnende Kraft ließen sich in Europa lebende fromme Juden Säckchen dieser Erde kommen, um sie in ihre Gräber streuen zu lassen. — Pflicht der jüdischen Gemeinden war es jedenfalls, diese in Jerusalem ihren Tod Erwartenden bis zum Ende ihres Lebens zu erhalten, und dazu diente noch der Inhalt dieser Büchse, der alljährlich von dem Erez-Israel-Meschulach (Bote) in Empfang genommen wurde. Dieser reiste im ganzen Lande umher und pflegte, wenn er nach Brest kam, bei uns zu logieren. Er war ein rüstiger Mann mit dunklem, sonnengebräuntem Gesicht und klugen Augen. Bei Tisch pflegte er uns viel von Palästina zu erzählen, und wir lauschten diesen fremdartigen Erzählungen wie einem Märchen.

Die zweite Büchse war die »Reb Meier Balhaness- (Wundertäter) Puschke«. Wenn jemand ein Unglück drohte, bei Krankheitsfällen oder sonstigen Gefahren, spendete man in diese Büchse eine Summe in Höhe von 18 Kopeken, 18 Rubeln oder 18 Dukaten, je nach Vermögen und Anlaß; jedenfalls mußte die Wertangabe der Zahl 18 entsprechen, weil diese in hebräischen Buchstaben das Wort chaj gleich Leben bedeutet.

Uns Kindern gingen die schweren Tage der Buße nicht sehr nah, im Gegenteil, wir freuten uns der schönen Herbstzeit mit dem reifen Obst, das wir in großen Mengen vertilgten. Eine Schürze voller Früchte bekamen wir für einen Kupfergroschen, den uns die Mutter an jedem Tag schenkte, und der junge Magen nahm die Gaben des Herbstes geduldig auf. Auch bei uns im Garten waren die Früchte gereift und harrten hier der pflückenden Hand, der naschenden Mäuler. Die Baumzweige hingen zum Brechen voll und das Gemüse stand hoch in prächtigen Farben. Der Kohl wurde reif. Meine älteste Schwester verstand es trefflich, aus dem Strunk ein wie aus Talg gerolltes Lichtchen herzustellen. Sie putzte den Strunk, rundete ihn ab und steckte einen etwas in Ruß geschwärzten Holzsplitter an die Spitze, so daß es wie ein Licht aussah. Spät vor Abend gab sie dieses Lichtchen zum Anzünden bald der Köchin, bald dem Diener. Der Holzsplitter fing für einen Moment zwar Feuer, verlosch jedoch bald, worüber die besagte Person sich ärgerte. Wir Kinder sahen von der Ferne zu, kicherten und freuten uns über den gelungenen Spaß. Das wurden nun unsere Freuden, denn wir konnten uns nicht mehr solange im Freien aufhalten, es war bereits empfindlich kühl. Die Tage wurden kürzer und trübe. Wir gingen nicht mehr so frühzeitig in den Cheder. Wir mußten oft im Chederraum spielen, weil uns häufig der Herbstregen von der Straße scheuchte.

Im Hause wurde es stiller und stiller, die Eltern und die erwachsenen Geschwister wurden immer ernster, je näher der Monat Elul seinem Ende kam. Die Sorgen der Slichauszeit nahten. Schon ehe der Tag graute, wurden die Bußgebete verrichtet. Die Gebete sind oft so umfangreich, daß man z. B. am letzten Tage vor Rausch-Haschone (Neujahr) schon um Mitternacht beginnen muß, um überhaupt zu Ende zu kommen. Dieses Gebet nennt sich Sechor bris.

Das Neujahrsfest selbst gilt zwar als sehr ernst und heilig, wird aber als freudiger Feiertag betrachtet. Bei uns wurden allerhand Fladen gebacken, Konfitüren in Honig und Zucker vorbereitet, das Weißbrot wurde in Form von Kringeln gebacken, was symbolisch das runde Jahr darstellen soll. Die Frauen hatten zumeist weiße Kleider, die nur am Neujahrsfest und am Versöhnungstage angelegt wurden. Am Vorabend wurden viele Kerzen angezündet, über die die Frauen den Segen sprachen; die Stimmung ist zwar eine festliche, aber noch immer liegt etwas Trauriges, ein gewisser Ernst über den Gemütern. Beim Abendgebet in der Synagoge wird viel geweint. Ich entsinne mich, daß unser guter Vater vom Weinen heiser nach Hause zu kommen pflegte. Doch gewann die Festtagsstimmung bald die Oberhand, und mein Vater gab uns frohgemut den Segen und machte Kidusch (Segnen des Weines) in freundlicher Stimmung. Wir alle schütteten uns zuerst reichlich Wasser über die Hände, trockneten sie sodann ab, setzten uns stumm zu Tische und beteten still mit, während der Vater über die beiden großen Brote, die vor ihm bedeckt lagen, einen Spruch sagte; er schnitt eines von ihnen in zwei Teile, von dem einen Teil schnitt er eine Scheibe, die er in Honig tauchte und murmelte leise ein Gebet. Ehe er den ersten Bissen gegessen hatte, durfte weder er, noch ein anderer bei Tische sprechen. Nun bekamen auch die Kinder die Mauzes (die ersten Bissen Brot) mit Honig und dann wurde das reiche Abendmahl genommen. Obgleich es erst um neun Uhr abends begann, ging man doch gleich darauf zur Ruhe, um am nächsten Tage in aller Frühe ins Bethaus gehen zu können. Ich erinnere mich nicht, die Mutter oder die anderen Synagogenbesucher an diesem Morgen je gesehen zu haben, wenn ich auch noch so früh aufstand. Alle waren bereits beim Beten und sie kehrten erst um ein oder zwei Uhr mittags heim, erschöpft, aber in gehobener Stimmung — das war die Wirkung der für diesen Tag bestimmten Gebete — die erhabene Piutim-Poesie, die philosophischen Betrachtungen über das irdische, vergängliche Leben, der Gerechtigkeit und der gnadenvollen Nachsicht unseres einzigen Gottes, »der auf seinem Richterstuhl sitzt«, wie es in den Sprüchen heißt, »und Gerechtigkeit übt«.

»Er öffnet dem das Tor, der daran mit aufrichtiger Reue pocht, der im Gericht seinen Zorn unterdrückt, mit Huld und Milde sich als Richter schmückt. Er, der Sühnung aller Schuld gewährt, der seine Huld lässet walten. Er zürnt nur kurze Zeit und ist groß an Langmut. Er ist gütig dem Bösen wie dem Guten. Er, der ausharrt, bis sich der Frevler fromm bekehrt.«

Mein Vater pflegte bei Tische mit den jungen Leuten diese Stellen des Gebetes singend zu wiederholen; und sie weinten dabei ...

Das Nachmittagsschläfchen am ersten Neujahrstag unterließ man, denn an diesem Feiertag sollte mehr gebetet als gegessen und geschlafen werden. Man ging zum sogenannten Taschlich, d. h. man begab sich zum Fluß, wo man ein kurzes Gebet verrichtete und die Sünden gleichsam von sich abschüttelte und ins Wasser warf. Dieser Gebrauch wurde von meinem Vater nicht ernst genommen und deshalb beteiligte er sich nicht daran. Vom Flusse begab man sich wieder in die Synagoge, wo das Vorabend- und Abendgebet verrichtet wurde. Zu Hause zündeten die Frauen wieder die Kerzen an, der Vater kam aus der Synagoge, erteilte uns wieder den Segen und machte über den Becher Wein Kidusch und Schechejone über eine Frucht (Segenspruch über eine Frucht, die man im Laufe des Sommers noch nicht gegessen hat). Meine Mutter kaufte gewöhnlich hierzu eine Wasser- oder Zuckermelone oder eine Ananas. (Diese Früchte waren in unserer Gegend sehr selten). Nach dem Abendbrot, das ebenfalls sehr früh genommen wurde, begaben sich alle zur Ruhe, um am nächsten Morgen frühzeitig in der Synagoge mit dem Beten beginnen zu können, das wieder bis nach ein Uhr währte. Der nächste Tag ist ein Fasttag, der Zaum Gdalja heißt. Alle fasteten. Niemand fiel es ein, zu murren und so quälte man sich auch den dritten Tag. Darauf folgten die zehn Bußtage (Asseres jemei Tschuwe), die zwischen Rosch-Haschono und Jom-Kippur (Versöhnungstag) fallen, und mit dem heiligen Versöhnungstag ihren Höhepunkt und ihr Ende erreichen.

Mit ehrfurchtsvollem Schauer gedenke ich noch heute des Erew-Jomkippur (des Vorabends des Versöhnungstages) in unserem väterlichen Hause, da unsere frommen Eltern alle Sorgen um die weltlichen Dinge vergaßen und nur im

Gebete lebten. Schon als der Vortag dämmerte, rüstete man sich, um Kapores zu schlagen. Jeder Mann nahm einen Hahn, jedes Weib nahm eine Henne, man hielt dieselben bei den Füßen, man betete ein eigens dazu bestimmtes Gebet. Am Ende schwingt der Beter dreimal das Geflügel um seinen Kopf und wirft es dann von sich; dieses Geflügel wird geschlachtet und gegessen.

Auch die Herstellung des Jaum-Kippur-Lichtes war eine heilige Pflicht. Schon ganz früh am Erew-Jomkippur kam die alte Gabete Sara (Gabete nannte man alte Frauen, deren selbstgestellte Lebensaufgabe es ist, fromme Werke zu unternehmen für Kranke, Arme und eben Verstorbene) mit einem ganzen Packet Tchines — kleine Gebetbücher nur für Frauen in jüdisch-deutsch geschrieben — und einem ungeheuer großen Knäuel Dochtfaden und einem großen Stück Wachs. Meine Mutter pflegte vorher nichts zu essen, bis das Licht fertig war, denn mit nüchternem Magen ist jeder Mensch geneigter zu weinen, und sein Gemüt ist weicher. Meine Mutter und die obengenannte Sara fingen die Arbeit damit an, daß sie viele Tchines ans dem Packete unter heftigem Weinen sagten; dann erst nahm man den Knäuel Docht zur Hand, Sara legte ihn in ihre Schürze, stellte sich gegen die Mutter in einer Entfernung von einem Meter ungefähr, gab das Ende des Fadens vom Knäuel meiner Mutter und zog ihn auch zu sich. Nun fing meine Mutter mit weinender Stimme an, die Namen aller ihrer verstorbenen Familienmitglieder zu nennen und erinnerte dabei an ihre guten Taten, und für jeden wurde ein Faden vom Dochtfadenknäuel weiter gezogen, bis alle erwähnt waren und ein gehörig dicker Docht entstand. Auf solche Art wurde auch aller lebenden Familienmitglieder gedacht. Es war auch Sitte, wenn jemand sehr gefährlich krank wurde, den Friedhof mit dem Dochtfaden nach allen vier Enden abzumessen und dann diesen Faden zum Docht für Wachskerzen zum Jom-Kippur zu gebrauchen.

Den halben Tag verbrachte man noch munter, aber schon in feierlicher Stimmung; man aß nach Vorschrift viel Obst und betete hundert Broches (Segenssprüche). Dann ging es ans Baden und Waschen. Man kleidete sich in weiß, um gleichsam rein und würdig vor den ewigen Richter zu treten. Beim Vorabendgebet (Minche) muß man sich schon 35mal an die Brust schlagen, wobei die Tränen reichlich fließen. Die Männer ließen sich noch vom Synagogendiener die sogenannten Malkes auf den Rücken schlagen. Ich erinnere mich, daß sie alle mit rotgeweinten Augen aus der Synagoge kamen, und das rechtzeitig gerichtete Abendmahl wurde in stummer Feierlichkeit genommen. Die jungen Leute und wir Kinder waren erfüllt von einer bangen Erwartung; alle schwiegen unter dem Druck von etwas Unsagbarem und Schwerem. Beim Tischgebet rannen die Tränen, deren sich keiner erwehren konnte. Nach Tisch legten alle die Schuhe ab, und die Männer zogen ihre langen weißen Kittel über die Kleider. (Dieser weiße Kittel ist beim Juden das Totenhemd, in welchem er begraben wird.) Ein Silberstoffgürtel und ein Silberstoffkäppchen vervollständigten die Tracht, und nun ging man, einen Mantel um die Schulter, in die Synagoge; das drittemal an diesem Tage. Ehe man fort ging, segnete, der Vater jedes Kind und Enkelkind, selbst das kleinste, das noch in der Wiege lag, mit Worten voll Innigkeit und Inbrunst, und ihm, sowie den Kindern, denen er die Hände aufs Haupt legte, flossen die Tränen reichlich die Wangen herunter. Selbst das Dienstpersonal kam herbei und blieb an der Schwelle stehen — alle weinten und baten einander »Mauchel sein«, d. h. um Verzeihung. Auch meine Mutter bat mit bewegter Stimme um Nachsicht, wenn sie im Laufe des Jahres ihre Untergebenen beleidigt oder gekränkt haben sollte. Dieses Hervorsprudeln der edlen Gefühle adelte die Seelen und gab ihnen Weihe und Frieden. Und das Bewußtsein, daß Gott die Sünden vergeben werde, stärkte den Willen, nun ein neues, geläutertes Leben zu beginnen.

Alle Seelen der Großen, die sich in die Synagoge zu Kolnidre begaben, und der Kleinen, die zu Hause blieben, waren himmelwärts gerichtet. Der eine Gedanke hielt alle im Bann, dass an diesem Abend die große Abrechnung mit den sündigen Menschen beginne. In der Synagoge, die von vielen Kerzen hell erleuchtet war, bei dem feierlichen Kolnidregebet vor offenem Oren kodesch (heilige Bundeslade) mit den Seferthoras (heiligen Rollen) wurde mit tief bewegtem Herzen in der einmütig reuevollen Stimmung der betenden Gemeinde jede Beleidigung, die man einander während des ganzen Jahres angetan, zurückgenommen, jede Kränkung verziehen; auch den Andersgläubigen vergab man jede Beleidigung und Unbill. Jeder Jude wollte sich von der Sünde befreien und erkannte an diesem Abend eindringlicher als sonst seine Ohnmacht, die Ohnmacht des Menschen in dem großen Weltall und dem Schöpfer gegenüber mit den Worten: »Wir Menschen sind in Gottes Händen wie Ton in des Töpfers Hand.... wie der Stein in des Bildhauers Hand.... wie das Silber in des Goldschmieds Hand.... er formt nach seinem Willen alles.«

Nachdem die Eltern zur Synagoge gegangen waren, scharten wir Kinder uns um die älteste Schwester Chasche Feige, unsere liebevolle Schützerin und Lehrerin. Sie betete das Abendgebet. Wir standen andächtig neben ihr und wichen nicht von der Stelle. Ich hörte sie schluchzen und mir wurde so bange zumute. Das ganze Haus lag in tiefer Stille und die Wachskerzen knisterten geheimnisvoll. Ich sah im Geiste, was im Himmel vor Gottes Thron vorging, wie die vereinten Stimmen der Menschen um Gnade flehten, und selbst die Engel in Furcht und Schrecken vor dem Allerhöchsten dastanden. Aber der Herr prüfte in seiner Gnade das Herz der Gerechten und gab seine Gnade denen, die aufrichtig die begangenen Sünden bereuten.

Um neun Uhr hieß sie uns schlafen gehen. Uns war aber so

schwer ums Herz, daß wir sie baten, sich zu uns zu setzen. Und sie saß solange, bis wir einschliefen.

Am folgenden Tag war die Stimmung der Synagogenbesucher noch ernster, den weltlichen Dingen vollends entrückt; am Tage des Gerichts, am großen, heiligen Jom-Kippur, sind die Gebete von einem feierlichen Ernst. Gott der Herr sitzt selbst zu Gericht über die Sünden der Menschen, die in einem Buch mit des Täters Hand verzeichnet sind. Hier aber, in der Synagoge, wird mit zerknirschtem Herzen unter Tränen der so bedeutungsvolle Unessane-taukeff keduschas hajom gelesen. Die Engel zittern und rufen: »Das ist der Tag des Gerichts!« Die große Posaune wird geblasen. Und es wird bestimmt, wer im künftigen Jahr leben soll oder eines natürlichen Todes sterben oder meuchlings umkommen, wer verarmen oder reich, erhöht oder erniedrigt werden soll. Aber Reue, Gebet und Wohltaten befreien von bösen Geschicken. Was ist der Mensch? »Er kommt aus der Erde und kehrt zur Erde zurück. Einem zerbrochenen Scherben gleicht er, dem Staubfaden einer Blume, die verwelkt; dem Gras, das verdorrt, dem Rauch, der spurlos dahinfliegt, einem Traum, der entschwindet.....«

Im Hause sah es bei uns trübe aus; die Fensterläden waren geschlossen, die Zimmer nicht geräumt, die irdenen mit Sand gefüllten Töpfe standen noch da, in denen die Stümpfe der Wachskerzen von gestern abend langsam brannten und die Luft mit einem schweren Duft erfüllten.

Erst gegen zwölf Uhr bekamen wir Kinder unseren Tee und das Frühstück, das aus Kapores (kaltem Huhn) und Weißbrot bestand und zugleich unser Mittagsmahl bildete. Dann fanden sich bald unsere Gespielinnen ein, und die schwere Trauer wich von uns Kindern allmählich. Mit der Dämmerung regte es sich wieder im Hause. Die Zimmer wurden wieder in Ordnung gebracht, man deckte den Teetisch, zündete viele Kerzen an und bereitete einen Becher

Wein und ein geflochtenes Wachslicht zur Awdole vor. Je dunkler es draußen wurde, um so lichter ward es im Zimmer. Der Samowar (Teemaschine) brodelte bereits einladend auf dem Tisch, als die Synagogenbesucher um sieben Uhr nach Hause kamen. Sie waren alle erschöpft vom Fasten und Beten, aber keiner nahm etwas zu sich; man wartete geduldig, bis der Vater und die anderen sich gewaschen und gekämmt hatten, da dies am Morgen zu tun, verboten war. Dann machte unser Vater Awdole, d. h. er betete über den Becher Wein, und da erst setzten sich alle an den Tisch, der mit kalten Speisen und Kuchen reich besetzt war. Ohne Rücksicht darauf, daß der Magen während 24 Stunden nicht einmal einen Tropfen Wasser bekommen hatte, füllte man ihn jetzt mit süßen, saueren, bitteren und gesalzenen Speisen. Und der Magen nahm Speise und Trank geduldig auf. Jede Spur von Erschöpfung oder Müdigkeit war nun verschwunden, und die Gesichter strahlten vor innerer Ruhe und Zufriedenheit. Nun hatte man diesen schweren Tag für ein ganzes Jahr hinter sich. Auch wir Kinder empfanden den Unterschied zwischen dem gestrigen und dem heutigen Abend. Ich war nie zu lustig oder gar übermütig und liebte die Einsamkeit, aber die drückende Stimmung des Erew-Jomkippur und des Erew-Tischeb'eaw marterten mich arg.

Nachdem alle den ersten Hunger gestillt hatten, wurde man sehr heiter, und unser Vater, an der Spitze der Tafel in den großen Armstuhl gelehnt, begann die erhabenen Stellen aus den Gebeten des Tages halb singend vor sich hin zu sagen. Die jungen Herren stimmten ein, auch der Vorbeter der Synagoge, ein guter Freund unseres Hauses, fand sich gewöhnlich bei uns ein, und man erfreute sich an den poetischen Gesängen aufs neue. Man blieb nicht selten bis lange nach Mitternacht in heiterer, gehobener Stimmung, und keinem fiel es ein, nach den Strapazen des Tages sich zur Ruhe zu begeben, wiewohl man sich am nächsten

Morgen schon mit dem ersten Tagesanbruch wieder im Bethaus einfinden mußte, um, wie es heißt, die Verleumdungen des Satans vor dem Allerhöchsten zu vernichten. Der Satan könnte sonst zu Gott, dem Schöpfer sagen: »Sieh, Herr, du hast deinem Volk gestern die Sünden vergeben, und heute hat sich kein einziger eingefunden, dein Haus ist leer!«

Aber der Satan soll über das auserwählte Volk nicht triumphieren. Und so fanden sich denn die Frommen alle in der ersten Morgenstunde im Gotteshaus ein[P], wenn auch nur für kurze Zeit, da bloß ein Alltagsgottesdienst stattfand. Mein Vater ging gleich von der Synagoge fort, um einen Essrog (Citronenähnliche Frucht) und einen Lulow (Palmenblatt) zu kaufen; und froh gelaunt kehrte er heim, wenn es ihm gelang, einen völlig fehlerfreien Essrog — einen sogenannten »Mibuder« zu finden. Ein solches Stück kostete im Jahre 1838 5-6 Rubel, da zu jener Zeit der Transport der Früchte aus Palästina, wo sie nur in geringer Zahl wuchsen, mit viel Schwierigkeiten und Gefahren verbunden war. Nichtsdestoweniger erhielt jeder der jungen Männer unseres Hauses je einen Essrog für sich. Eine jede dieser wohlriechenden, prächtigen Früchte wurde sorgfältig in weichen Hanf gebettet und in einem Silbergefäß aufbewahrt. Diese Früchte werden im Verlaufe der acht Feiertage des Laubhüttenfestes (Sukkoth) beim Morgengebet benützt. Die Palmenblätter, Myrten und Weidenzweige, die der Vorschrift gemäß dazu gehören, standen in einem großen, mit Wasser gefüllten, irdenen Krug. Und im Hause wurde es wieder hell und heiter. Man aß, trank, lachte, plauderte nach Herzenslust. Ich hörte oft sagen, daß in den vier Tagen vom Jom-Kippur bis Sukkoth die Sünden des Juden nicht unter Kontrolle stehen, und von Gott nicht angerechnet werden.

Viele der Scherze galten den »Sogerkes«. In den vierziger Jahren des vorigen Jahrhunderts gehörte es noch zu den

Seltenheiten, daß im einfachen Volke eine jede Frau hebräisch zu beten verstand. Das Bedürfnis jedoch, am Samstag und besonders an den heiligen Feiertagen zu beten, war groß. Aber es gab auch lesekundige Frauen, die ihre Kenntnisse industrialisierten. Für eine kleine Belohnung beteten sie an den erwähnten Tagen in der Synagoge den Frauen die Gebete vor. In Ermangelung einer solchen Frau mußte jedoch in den kleineren, jüdischen Städtchen ein Mann in der Mitte der Frauenabteilung der Synagoge in ein Faß kriechen und von diesem Schutzwall aus — von den Weibern umgeben — die Gebete vorlesen. Wie man sich denken kann, gab es dabei oft komische Szenen, und für die Anekdotenbildung war das Faß ein unerschöpflicher Born....

Die Vorleserin nannte man »sogerke« und den Mann »soger«. Diese beiden mußten mit w e i n e r l i c h e r Stimme die Gebete vorsprechen, um das umstehende Weibervolk zum Weinen anzuspornen. Unter den Zuhörerinnen befand sich in unserer Gemeinde die Frau eines Fleischers, die schwerhörig war. Sie bat die Vorleserin, sie möchte etwas lauter sprechen, dafür würde sie von ihr eine große Leber bekommen. Jene aber gab ihr mit tränender, weinerlicher Stimme im Gebetsingsang zur Antwort: »Wie mit der Leber, so ohne die Leber.« Das umstehende, unwissende Weibervolk aber glaubte, daß diese Worte zum Gebet gehörten und alle riefen mit weinerlicher Stimme: »Wie mit der Leber, so ohne die Leber.«

Nach einem bestimmten Abschnitt begab sich eins dieser Weiber nach Hause und traf unterwegs eine zweite Frau, die in die Synagoge zurückkehrte. Diese fragte, welches Gebet jetzt dort gesagt werde. »Nu ... das Gebet von der L e b e r.« Die eine: »Im vorigen Jahre hat man doch so etwas nicht gesagt.« Die andere: »heint efscher, weil ein Schaltjahr ist!« ...

Uns Kindern bot sich in den nächsten Tagen eine Reihe

schöner Aussichten. Mein Herz pochte freudig in Erwartung der kommenden Dinge.

Gleich nach dem Frühstück wurde die Laubhütte besichtigt, eine geräumige, längliche, hohe Laube mit großen Fenstern, die das ganze Jahr unbenützt blieb. Sie mußte daher erst gewaschen, geschmückt und wohnlich gemacht werden, und der Diener ging sogleich ans Werk.

Während der nächsten drei Tage bis Sukkoth hatten wir frei; man lernte, studierte nicht, und selbst das tägliche Beten wurde, wie mir scheint, zum großen Teil von den jungen Herren etwas vernachlässigt. Unseren Chederbesuch hatten wir schon seit Rausch haschono ganz eingestellt, da die Ferien für die jüdische Jugend bis zum Monat Cheschwan (von September bis Oktober) dauerten.

Am Tage des Erew-Jomtows wurden alle im Hause befindlichen Teppiche in die Laubhütte zusammengetragen, mit denen die jungen Leute unter des Vaters Leitung die Wände behängten. Man holte Spiegel, brachte die Möbel aus dem Eßzimmer und selbst der Kronleuchter durfte nicht fehlen. Am Vorabend vor dem ersten Festtag legten alle festliche Gewänder an. Die Kerzen der großen silbernen Leuchter wurden von unserer Mutter und den jungen Frauen angezündet, und sie verrichteten ihr stilles, frommes Gebet, worauf wir uns alle mit großem Behagen auf die Stühle um den Tisch setzten und die geschmückte Sukke (Laubhütte) bewunderten. Ihre bewegliche Decke war vorher schon beseitigt und durch Tannenzweige ersetzt worden. Es sah wundervoll seltsam aus. Die vielen brennenden Kerzen, die bunten Teppiche, die hohen Kristallspiegel, die grüne Tannendecke und der nächtlich blaue Himmel, der mit seinen silbernen, funkelnden Sternen so freundlich durch die Zweige hereinblickte, verliehen dem Raum eine märchenhafte Pracht.

Die Mutter, festlich gekleidet und mit kostbarem

Geschmeide, saß mitten unter ihren verheirateten und unverheirateten Töchtern, die alle reich geschmückt waren. Dann kamen die Männer aus der Synagoge heim und es gab das köstliche, patriarchalische Familienbild der damaligen Juden an der Tafelrunde. In ihren langen, schwarzen Atlasröcken (Kaftans), den breiten Atlasgürteln, den kostbaren, hohen Zobelmützen und ihren strahlenden, jungen Gesichtern sahen sie wahrlich besser aus, als die Jugend von heute im Frack und weisser Binde mit den blasierten, gelangweilten Mienen. Der Vater erteilte uns den Segen; alle wuschen sich die Hände, beteten und nahmen ein Stück Barches, die in Honig getaucht wurde. Das Abendbrot, das mit Pfefferfischen eröffnet und mit Gemüse beschlossen wurde, war beendet. Viele, denen die herbstliche Abendluft zu kühl wurde, verließen die Sukke; einige blieben noch plaudernd sitzen.

Am darauffolgenden Morgen, am ersten Feiertag, wurde in der Synagoge ein besonders feierlicher Gottesdienst abgehalten, und es war wieder ein imposanter Anblick, als die Männer, Reihe an Reihe auf ihren Plätzen stehend, mit dem grünen, schlanken Palmenblatt in der rechten und der duftenden, goldgelben Ethrogfrucht in der linken Hand, den Lobgesang Hallel sangen und dann den Rundgang Hakofes, der Kantor voran, in der Synagoge machten.

Gegen ein Uhr kehrten alle nach Hause zurück, und nun kamen zum Festtag viele Gäste, denen man Wein und Süßigkeiten vorsetzte. Den Nachmittag verbrachte jeder nach eigenem Belieben. Die einen schliefen, die anderen gingen spazieren. Aber keiner vergaß, daß man sich schon um fünf Uhr in der Synagoge zum Vorabendgebet einfinden mußte. Der zweite Tag unterschied sich fast gar nicht von dem ersten.

Die folgenden vier Tage sind die sogenannten Chaulhamauedtage (Halbfeiertage), an denen zu fahren, zu handeln und zu kaufen gestattet ist. Doch machten die

Juden von damals von dieser Freiheit keinen Gebrauch, und selbst sehr arme Handwerker hielten ihre Werkstätte geschlossen und gaben sich der Lust, der Ruhe und den guten Bissen hin. Am fünften Tage, Hauschano rabbo, wird aufs neue die ganze Nacht mit dem Lesen gewisser Abschnitte aus der Mischna verbracht. Nach einer Volkssage sieht man an diesem Abend den kopflosen Schatten desjenigen, dem in diesem Jahr zu sterben bestimmt ist. In dieser Nacht soll sich der Himmel teilen und öffnen, und der fromme, gottesfürchtige Jude kann seine Pracht sehen! Nur muß man schnell »Koll tow!« (Alles Gute!) ausrufen und jeder Wunsch geht dann in Erfüllung. — In dieser Nacht bereitet auch der Schames (Synagogendiener) die Hauschanes vor (drei kleine Weidenzweige zu einem kleinen Bündel vereinigt), die ein jeder während des Gebetes ergreift, und sie während der ganzen Betzeit in der Hand behält. Das hierfür bestimmte Hauschanegebet wird mit großer Andacht und unter Tränen verrichtet. Am Schlusse werden die Blätter der Weidenzweige abgeschlagen.

Das Weißbrot wird für diesen Tag in Form eines Vogels gebacken. Die Volkssage erzählt, daß an diesem Tage im Himmel endgültig beschlossen wird, wer in diesem Jahre leben oder sterben soll, und daß dieser Vogel zum Himmel fliegt und auf einem Zettel die Bestimmung zurückbringt. Den siebenten Feiertag des Laubhüttenfestes nennt man Sch'mini hoazeres. Am Vorabend sind alle wieder festlich geschmückt. Am nächsten Morgen beginnt der Gottesdienst in der Synagoge sehr früh. Man fleht den Himmel um Regen an in dem sogenannten Regengebet (geschem), einer gedankenreichen, phantasievollen Dichtung. Dieses Gebet verlängert den Gottesdienst um mehr als eine Stunde und wirkt erhebend auf die Synagogenbesucher.

Sch'mini hoazeres speiste man zum letztenmal in der Sukke zu Mittag. Wiewohl das Wetter in den letzten Tagen veränderlich, oft schon empfindlich kalt war (manchmal

114

schneite es sogar und man mußte Pelze anlegen) hielt man doch aus und nahm die Mahlzeiten, auch den Tee, in der Laubhütte bis zum letzten Tag. Alt und Jung, selbst wir Kinder, hielten streng die religiösen Vorschriften ein, so gut verstanden es unsere Eltern, ihre Wünsche und ihren Willen im Hause aufrecht zu halten. Nachdem das Gebet verrichtet wurde, das nach der letzten Mahlzeit beim Verlassen der Sukko vorgeschrieben ist, wurden die Möbel, Stück für Stück, in die Wohnung zurückgebracht, und die vor kurzem noch so herrlich geschmückte Laubhütte stand wieder leer und verlassen, ein treues Bild aller Herrlichkeiten unserer Welt. —

Jetzt kam der letzte Tag des Laubhüttenfestes »Simchas-Thaure« (Freude über die Thora) heran. Warum die Freude? Im Volke erzählte man: »Als die Juden auf dem Berge Sinai von Moses die Thora erhielten, verstanden sie von ihrem Inhalt nur wenig; als sie aber die heilige Schrift ganz in sich aufgenommen hatten, fanden sie darin ihr Glück und ihre Freude.« Und wahrlich, diese Thora ist ihr Stolz, ihr Volksschatz geworden für alle Zeiten, trotz der Unterdrückung, der Verfolgungen und Demütigungen, die sie erdulden mußten.

Am Simchas-Thora reißt diese Freude alle Schranken nieder. Wozu man sonst nur sehr selten Gelegenheit hat: man sieht an diesem Tage betrunkene Juden in den Straßen. Auch in unserem Hause ging es ziemlich bunt zu. Allerlei Getränke wurden bereitet, die besten Speisen mußte die gute jüdische Küche herhalten. Viele Gäste wurden zu Mittag geladen, die Kinder, auch das Gesinde erhielten volle Freiheit und die strenge Disziplin war aufgehoben. Mein Vater sah es ebenso wie alle Gäste für eine Mizwe (eine religiöse Handlung) an, sich bei Tische ein Räuschchen anzutrinken. Meine Eltern hinderten die jungen Männer nicht, wenn sie übermütig, ja ausgelassen tanzten und sangen; der Vater sang sogar munter mit. Es fehlten nur die Klänge einer Fiedel, da der

115

Jude an den Feiertagen ein Musikinstrument nicht einmal berühren darf. Es wurden auch viele religiöse Tafellieder, die sich auf diesen frohen Tag bezogen, im Chor gesungen. Für meinen Vater hatte der Simchas-Thora-Tag noch eine besondere Bedeutung. Wie ich bereits erwähnt habe, war die Hauptbeschäftigung meines Vaters das Talmudstudium, das er um so eifriger betrieb, wenn er große Verluste in seinen Unternehmungen erlitten hatte. Er pflegte dann der Welt den Rücken zu kehren, flüchtete sich in ein Studierzimmer und lebte nur »al hathauro« und »al hoawaudo« wie der Jude sich kurz und bündig ausdrückt, d. h. nur in der Lehre der Gesetze und im Gottesdienst, was der Hauptzweck seines Lebens wurde. So machte er von Zeit zu Zeit ein Ssium (d. h. ein Werk vollenden); ein solches Ereignis wird im jüdischen Volke freudig gefeiert und bringt Ansehen und Ehre, besonders wenn es ein Ssium auf ganz Schass, d. i. ein Durchstudieren des ganzen Talmuds und aller Kommentare ist. Mein Vater pflegte seinen Ssium auf einen Simchas-Thora zu verlegen. Das bunte Treiben an diesem Tage dauerte bis zum Abend, beim Vorabendgebet aber waren alle schon wieder ernst. Der Vater machte wieder Awdolo und jetzt hieß es S'miraus, d. h. fromme Lieder singen. Der große Samowar brodelte und dampfte bereits auf dem Teetisch, und bis spät in die Nacht saßen die fleißigen Trinker gemütlich beisammen. Mit Simchas-Thora sind die sogenannten Jomim nauroim, d. h. die ernsten Tage zu Ende, wenn auch schon der nächste Schabbes Bereischis vor einem gewöhnlichen Sabbath ausgezeichnet ist, da jetzt der Anfang der Bibel wieder, der erste Abschnitt »Bereischis« vorgelesen wird. Der nächste Tag nach Simches-Thora ist Isserchag und gilt auch noch als Feiertag. Der Tisch, der volle acht Tage festlich geschmückt war, blieb auch heute bedeckt, was am Werktage sonst nach dem rituellen Gebrauch nicht geschieht. Das Mittagbrot wurde zu früher Stunde eingenommen und bestand aus kalten Speisen, die vom Vortag zurückgeblieben waren, eine Menge von guten, schmackhaften Sachen: kalte Pfefferfische, kalter Putenbraten usw. Nur der Borscht (eine Suppe aus gesäuerten roten Rüben) wurde frisch bereitet.

Die Zeit der Feste war vorüber. Langsam kam das Leben wieder ins alte Gleise. Eine Abwechslung brachte der Rausch chaudesch.

Am zehnten oder zwölften Tag jeden Monats wird der Mond, wenn er am Abendhimmel glänzt, nach jüdischem Gesetz bewillkommnet. Als Kind liebte ich es, durchs Fenster zuzusehen, wenn mein Vater sich in Begleitung von noch zehn Juden in den hellen Mondschein stellte und betete. Mit munteren Worten und die Augen gen Himmel gerichtet pries er den milden Mond. Dies geschah gewöhnlich Samstags abend.

Den »erew rausch chaudesch«, d. h. den Tag vor »Rausch chaudesch« (Neumond) pflegte man in meinem elterlichen Hause in eigener Weise zu begehen. Unter den damaligen Juden gab es viele, die an diesem Tage fasteten und besondere Gebete verrichteten. Viele Bettler, alte, kranke, in Lumpen gehüllte, halbnackte Männer und Weiber mit verzerrten Gesichtern, junge Leute, Mädchen und Kinder, kamen scharenweise an diesem Tage, ihr »Rausch chaudesch-geld« zu holen, da jeder Bußtag bei den Juden durch Almosen seine Weihe erhalten mußte. War es doch üblich, daß außer an diesem Tag viele im Volke in jeder Woche am Montag und Donnerstag zu fasten pflegten und an Arme Almosen verteilten. An diesen Tagen konnte man auch die sogenannten »Gabbettes« in Aktion sehen. Gabbettes sind fromme Seelen, gute, selbstlose Frauen, wahre religiöse Patronessen des armen jüdischen Volkes, deren Lebensaufgabe es war und in Litauen noch bis heute ist, sobald sie in ihrem eigenen Hause alles besorgt haben, mit einer zweiten Gabbette von Haus zu Haus in die Armenviertel zu gehen, um dort das Elend und die Not zu lindern. Paarweise laufen sie durch die Gassen, erbetteln von Krämern und Kaufleuten in den Buden Lebensmittel; und in alle Privathäuser kommen sie, um ein Almosen zu erbitten, Geld oder Speisen, alte Kleider usw. Ich erinnere mich noch sehr lebhaft einer solchen »Gabbette«, die oft zu uns kam. Sie war ein Engel an Güte und Seelengröße. Ihr Name war Itke, die Hefterke. Sie pflegte meiner Mutter von all dem Elend und der Armut in der Stadt zu erzählen. Mit zerknirschtem Herzen und Trauer in den Zügen behauptete sie symbolisch, Perlen und Brillanten lägen in den Gassen herum, aber nur sehr wenige bemühten sich, die aufzunehmen. Sie meinte damit: Man könnte so viele Wohltaten an den Armen üben, und die wenigsten mühten sich darum. Nur diese »Juwelen« behauptete Itke, die Hefterke, kann man nach dem Tode mit ins Jenseits nehmen. Meine Mutter pflegte an Rausch chaudesch eine ansehnliche Summe Geld zu verteilen. Alte Männer und Frauen bekamen eine Münze von drei polnischen Groschen, d. h. eineundeinehalbe russische Kopeke. Je jünger der Arme war, um so weniger, bis auf einen Groschen herunter, bekam er. Den Kindern gab man nur eine »Prute«. Diese Münze war der dritte Teil eines polnischen Groschens, folglich ein Sechsteil einer Kopeke. Diese Münze pflegte in Brest-Litauen von dem jüdischen Gemeinderat mit Erlaubnis der Regierung verfertigt zu werden. Ich erinnere mich, daß diese Prute nur an Arme gegeben wurde, während sie im Geschäftsleben nicht gangbar war. Zuerst wurde sie in Blei gegossen mit der hebräischen Aufschrift »Prute achas«, d. h. eine Prute. Als aber damit Mißbrauch getrieben wurde, schaffte man sie ab, und stellte die Prute aus Pergament her. Sie trug dieselbe Aufschrift. Diese Prute hatte ungefähr die Größe eines Zolls in der Länge und eines halben Zolls in der Breite. Auch dieses Pergamentgeld wurde bald abgeschafft; und an ihre Stelle trat die Prute in Form eines mittelmäßigen, runden Knopfes aus Holz mit einer kleinen

Vertiefung, die mit rotem Siegellack gefüllt war, worin das Wort Prute und der Petschaft des Gemeinderats eingedrückt waren.

Das Verteilen der Almosen war eigentlich die einzige Form, in der in unserer Familie der Erew Rausch-Chaudesch begangen wurde. Den darauf folgenden Tag aber, den Rausch chaudesch selbst betrachteten wir als einen halben Feiertag. In der Synagoge wurde das Gebet »halel« usw. gesagt, zu Hause gabs gute Speisen zu Mittag; den ganzen Tag über durfte übrigens keine Handarbeit verrichtet werden.

Der Rausch-Chaudesch spielte überhaupt eine wichtige Rolle im Leben der Juden. So war es üblich, an diesem Termine Wohnungen und Dienstboten zu mieten und »wichtige« hauswirtschaftliche Arbeiten auf diesen Tag zu verlegen — besonders aber das »Gänse setzen«, wie es damals hieß. Man pflegte 30-40 Gänse in einem engen Käfig zusammenzupferchen, so daß sie sich kaum bewegen konnten, gab ihnen sehr viel zu fressen, aber sehr wenig zu trinken. Bei dieser Kur wurden sie sehr fett. Genau einundzwanzig Tage mästete man das Geflügelvieh, damit ihr Fett sich mehre und die Leber im Leibe größer würde, dann wurden sie geschlachtet; wartete man mit dieser Prozedur nur einen Tag, so war — wie man glaubte — die ganze Mästerei vergeblich. Rausch-Chaudesch kislew wurden die Gänse eingekerkert. Am einundzwanzigsten Tage kam mit Tagesanbruch der Schlächter mit seinem Gehilfen. Er zog das große Schlächtermesser aus der ledernen Scheide, machte es unheimlich scharf, prüfte die Schärfe an seinem Nagel, und ging dann in Begleitung der Köchin und des Nachtwächters mit einer Laterne in den Gänsestall, um das Todesurteil an den Gänsen zu vollziehen. Natürlich sagte er, bevor er die erste Gans schlachtete, das vorgeschriebene Gebet. Nach einer Stunde war das Werk vollbracht. Man schleppte die geschlachteten

Gänse in die Küche, wo sie ein paar arme Weiber rupften, sengten, reinigten und salzten und eine volle Stunde im Salze liegen ließen. Dann begoß man sie dreimal mit kaltem Wasser, und sie waren koscher. Der Lärm in der Küche und im ganzen Hause war groß! Eile war nötig; denn zu Chanuka brauchte man viel Schmalz, Gänseleber und besonders die schmackhaften Grieben! Da gab es schmackhafte Leber- und Griebenpasteten und das herrliche Gericht des gedämpften Gänsekleins.

Nach einem Aberglauben oder einer mystischen Tradition mußte der Schlächter von »Rausch-Chaudesch kislew« an bis »Rausch-Chaudesch adar«, also drei Monate lang, von dem von ihm geschlachteten Federvieh ein Glied, einen Fuß oder Kopf und dergleichen essen, sonst müßte er jeden Augenblick fürchten, gelähmt zu werden. Wir pflegten ihm immer das linke Füßchen jeder Gans zu überlassen. Da er jedoch diese Fülle nicht vertilgen konnte, so bereitete man aus den vielen Füßchen eine Brühe, die er verzehren mußte! —

Große Bedeutung hatte auch das Ausbraten des Gänseschmalzes. Es mußte in aller Stille geschehen, entweder noch vor Tagesanbruch oder spät am Abend, damit kein »böser Blick« darauf fiele — sonst liefe das ganze Schmalz aus dem Topfe! War aber beim Ausbraten nur eine stille Person tätig, dann kam — so glaubte man — der gute Hausgeist in Gestalt eines Zwerges und machte, daß das Schmalz über den Brattopf quillt; und schöpfte man es in ein anderes Gefäß ab, so mehrte es sich ohne Unterlaß, bis alle leeren Geschirre, selbst das große Wasserfaß, im Hause mit dem Schmalz gefüllt wären; dann erst verschwindet der Zwerg.

Aus meiner Schilderung könnte die heutige Jugend schliessen, daß das Leben in einem jüdischen Hause der alten Zeit durch seine Sitten und die Strenge seiner Gebräuche unerträglich schwer war. O nein! Die damaligen

Juden hatten ihre großen Freuden, genossen viel Vergnügen, Ruhe, Behagen; aber alles nur im Kreise der Familien im eigenen Hause; kein Herumstreifen in den Ballsalons, auf Reisen, in den Bädern, über Berge, und Meere. Er lebte ruhig, gut und lange. Er gab seinem Gotte, was ihm gebührt und nahm vom Leben das, was ihm behagte. Es lag Weihe und tiefes Symbol in den Formen des Lebens, was man von den Zeremonien und Bräuchen der jetzigen Gesellschaft nicht gerade behaupten kann. Gewiß haben auch sie die Bedeutung, die Menschen aneinanderzufügen und auch den Individuen die höhere Form einer Gemeinschaft zu schaffen. Allein wer kann leugnen, dass diese Bindung armselig erscheint gegenüber jener festen, sozialen Verknüpfung, die das jüdische Gesetz vorschrieb und die das einstige jüdische Leben erreichte. Einer war für den anderen orew, d. h. Bürge, und die Formeln »Kol Jsroel chawerim« (Ganz Israel Brüder) und »Achenu benei Jsroel« hatten einen Inhalt! Es war nur konsequent, wenn damals ein Jude vor dem anderen nicht den Hut zog. Aus dem gleichen Grunde wurden jüdische »Freidenker«, wenn sie öffentlich ein religiöses Gebot verletzten, vom Volke mit Vorwürfen verfolgt. Wenn beispielsweise solch ein Freidenker am Sonnabend Abend, an dem man nur eine bestimmte kurze Strecke gehen und Stock, Schirm, Taschentuch ohne Erew nicht tragen darf, sich mit diesen »Lasten« auf der Straße zeigte, empfing man ihn mit feindlichen Blicken, weil er gegen den Grundgedanken des mosaischen Gesetzes — dem der Gemeinbürgschaft und der Verantwortlichkeit des Einzelnen gegen die Gesamtheit — verstieß. Die Sünde des Einzelnen muß eben das ganze Volk büßen.

Der Beginn der Aufklärungsperiode.

I.

Lilienthal.

Von der hohen Altersstufe aus, die ein gütiges Geschick mich hat erreichen lassen, will ich einen Rückblick auf die für die Juden Litauens kulturell bedeutsame Epoche gegen Ende der dreißiger Jahre des vorigen Jahrhunderts werfen. Ich sehe es als ein Glück an, jene Periode miterlebt zu haben, in der die großzügigen Reformen unter der Regierung Kaiser Nikolaus I. die geistige, ja sogar die physische Regeneration der Juden in Litauen herbeiführten.

Wer, wie ich, die Zeit von 1838 bis heute durchlebt, all die religiösen Kämpfe im Familienleben der litauischen Juden mitgemacht und schließlich den großen Fortschritt beobachtet hat, der darf und muß seiner Bewunderung für die Idee jener Reformgesetze Ausdruck verleihen und sie segnen. Ja, man darf sogar mit Begeisterung von ihr sprechen, wenn man die z u m e i s t unkultivierten, armseligen Juden der vierziger Jahre mit den litauischen Juden der sechziger und siebziger Jahre vergleicht, unter denen es heute so viele vollkommen europäisch gebildete Männer gibt, die auf den verschiedensten Gebieten der Literatur, Wissenschaft und der Kunst Hervorragendes leisten und denen es an äußeren Ehren und Titeln nicht fehlt.

Die Menge ahnt oft instinktiv das Eintreten eines großen Ereignisses vorher. Im ganzen litauischen Gebiete verbreitete sich plötzlich das Gerücht, den Chedarim (jüdischen Volksschulen) stehe eine gründliche Umwandlung bevor; von den Melamdim (Volksschullehrer), die bisher im jüdischen Jargon Unterricht erteilten, werde künftighin die Kenntnis des Russischen gefordert werden, damit sie die Bibel den Schulkindern in diese Sprache übersetzen könnten.

Dieses Gerücht brachte den älteren Männern schwere Sorge. Sie dachten voll Schrecken daran, daß das Hebräische, das Wort Gottes, wohl allmählich vernachlässigt werden sollte. Die Jüngeren aber, darunter meine beiden älteren Schwager, nahmen die neue Kunde mit gespannter Erwartung auf. Aber sie wagten es nur flüsternd über die kommende Neugestaltung zu sprechen.

Die Melamdim waren einfach verzweifelt ...

Eines Tages brachte mein Vater, vom Vorabendgebet zurückkehrend, aus der Synagoge die hochinteressante Mitteilung, daß das unlängst aufgetauchte Gerücht sich bewahrheite, ein Doktor der Philologie, namens Lilienthal, sei vom Ministerium für Volksbildung (an dessen Spitze der gebildete und humane Minister Uwaroff stand) beauftragt worden, ganz Rußland zu bereisen, um das Bildungsniveau der Juden im ganzen Lande zu prüfen, sich über die Melamdim zu informieren, in deren Händen der Unterricht der jüdischen Jugend lag; in Petersburg sei ein großartiger Reformplan entworfen worden und mit den Rabbinerschulen in Wilna und Schitomir sollte innerhalb eines gewissen Zeitraums auch begonnen werden. Meinen Vater, der strenggläubig war, betrübte jedoch eine bevorstehende Reform nicht zu sehr, denn er selbst klagte stets über die schlechte Unterrichtsweise in den jüdischen Schulen von Brest und wünschte mancherlei Verbesserungen auf diesem Gebiete.

In der Tat war mit der Aufgabe, westeuropäische Bildung unter den Juden zu verbreiten, der Inspektor der Rigaer Volksschulen, Dr. phil. Lilienthal, betraut worden, weil er europäisch gebildeter Jude und zugleich mit der hebräischen

Sprache vertraut war und einiges talmudische Wissen besaß. Lilienthal hatte sein Werk damit begonnen, daß er sich zunächst mit den angesehensten, jüdischen Gelehrten in Verbindung setzte, die während ihres ganzen Lebens in engster Fühlung mit dem Volke standen. So wandte er sich an den berühmten Rabbi Reb Mendele Libawitzer, das Haupt der Chassidim-Sekte, die mehr als 100 000 Anhänger in Litauen und Kleinrußland zählte. Er hoffte, diese Autorität für seine kulturellen Reformen gewinnen zu können. Ebenso eindringlich bemühte er sich um Reb Chaim Woloshiner, den Leiter der dortigen Jeschiwa. Beide Männer berief der Minister nach Petersburg zur Beratung.

Einen Erfolg hatte Lilienthal damit nicht, denn die große Menge der Anhänger des Libawitzer Rabbi ließen aus Furcht ihren vergötterten Rabbi diesem Rufe nicht folgen, da sie erfahren hatten, daß es sich um große Reformen im Talmud- und Bibelunterricht handelte. Die Libawitzer fingen an, mit allen Mitteln gegen die Reformen zu eifern, unbekümmert um die Folgen (cf. Zeitschrift Woschod 1903).

In Petersburg war man entrüstet, aber Reb Mendele wurde nur mit einem kurzen Hausarrest bestraft. Reb Chaim Woloshiner weigerte sich auch, dem Rufe des Ministers nachzukommen. Er entschuldigte sich mit seinem hohen Alter: die Reise nach Petersburg sei für ihn zu beschwerlich. Er empfahl an seiner Stelle Reb David Bichewere. Dieser Vorschlag wurde aber nicht angenommen; und so trat Dr. Lilienthal die Reise nach dem Niederlassungsgebiete der Juden an. —

Einige Tage waren seither verstrichen, als mein Vater die Kunde brachte, Dr. Lilienthal sei bereits in Brest, unserem damaligen Wohnort, eingetroffen, und er wolle zusammen mit den jungen Leuten, meinen Schwagern, dem Doktor einen Besuch abstatten.

Meine Mutter äußerte ihr nicht geringes Erstaunen über

diese Absicht; der Vater erklärte ihr kurz und bündig: Wenn er selbst die jungen Leute nicht zu Dr. Lilienthal führen werde, so fänden sie schon selbst den Weg. Ich glaube aber, das war bloß eine Ausrede: mein Vater war selbst sehr gespannt, die Bekanntschaft des Dr. Lilienthal zu machen, um so rasch wie möglich Genaueres über die bevorstehende Umwälzung im Schulwesen zu erfahren. Meiner Mutter geistiges Auge sah aber in dieser ganzen Angelegenheit tiefer und schärfer als das meines Vaters, was sich in der Folge auch bestätigt hat.

Den Jubel der jungen Männer zu schildern, daß sie bald den interessanten Dr. Lilienthal besuchen sollten, ist unmöglich. Besonders glücklich war mein älterer Schwager, der neben hervorragender Begabung und ungewöhnlichen talmudischen Kenntnissen einen unermüdlichen Fleiß besaß. Im Alter von vierzehn Jahren hatte er fast das gesamte Wissen eines Rabbiners inne. — — —

Der Besuch bei Dr. Lilienthal war vorüber. Mein Vater hat viel, sehr viel erfahren: Erstens: Kein Chasid darf Melamed sein, zweitens: Jeder Melamed ist verpflichtet, die russische Sprache in Wort und Schrift zu beherrschen und deutsch lesen zu können; ferner ist der Melamed verpflichtet, die Bibel und alle Propheten ohne Ausnahme genau zu kennen und endlich darf der Melamed mit den Schülern, die bereits im Talmud Unterricht erhalten, die folgenden Abschnitte nicht durchnehmen: Baba Mezia (Feldschaden), Baba Kama (Wechselrecht), Baba Basra (Baugesetze).

Dr. Lilienthal hielt sich einige Zeit in Brest auf und besuchte auch seinem Auftrag gemäß viele Chedarim. Er war entsetzt und niedergedrückt von dem verwilderten Aussehen der Melamdim, aber überrascht und entzückt von der semitischen Rassenreinheit der Zöglinge, insbesondere von ihren schwarzen, klugen Augen. Er war auch Zeuge einer Szene, die ihn tief bewegt hat, denn er überzeugte sich, von welch großer Wichtigkeit für jeden Juden, selbst für die ärmsten, der Unterricht der Kinder ist. Dr. Lilienthal besuchte eines Tages ein Stadt-Cheder und bemerkte, daß sowohl der Melamed, als auch die Schüler aufgeregt ein unbestimmtes Etwas erwarteten. Bald darauf trat in das Cheder ein ärmlich gekleideter Jude ein, der seinen Knaben im Alter von etwa sechs Jahren, in einen großen Talles[Q] ganz eingewickelt, auf dem Arm trug. Dem Vater folgte die Mutter auf den Fersen. Beide weinten vor Freude und aufrichtiger Dankbarkeit gegen Gott, daß er sie diesen schönen, bedeutungsvollen Augenblick hatte erleben lassen, ihren Sohn zum erstenmal in das Cheder bringen zu können. Die Schar der Schüler stürmte von draußen herein, um dem Vorgang gaffend beizuwohnen. Der Melamed rief den Fremden ein lautes Scholem aleichem (Friede mit euch!) entgegen, stand von seinem Sitz auf und nahm den Helden dieser Szene in seine Arme, seinen neuen Schüler. Nun wurde der Kleine auf den Tisch gestellt, und er weinte beinahe vor Überraschung und Aufregung. Hierauf setzte man ihn auf die nächste Bank, und da erhielt er vor allem Kuchen, Nüsse, Rosinen und Naschwerk, wovon die glückliche Mutter eine Schürze voll mitgebracht hatte. Alle Zuschauer gratulierten den glückseligen Eltern zum ersten Schulgang ihres Sohnes. Der Melamed setzte sich zu dem Kleinen, ergriff das auf eine Kartontafel aufgeklebte gedruckte Alef-Beis (Alphabet), legte es vor den Kleinen hin, nahm sodann das große Deitelholz zur Hand, und nun segnete er den Anfang des Unterrichts mit dem Wunsche ein: Der Junge möge zu Thora-Lernen (d. h. Gelehrsamkeit), zu Chupe (Trauung) und zu Maassim-towim (guten Taten) erzogen werden. »Amen« sagten die Eltern und alle Umstehenden. Hierauf zeigte der Melamed dem angehenden Schüler zum ersten Male das »Alef« (»A«), und nachdem der Junge das wie ein Papagei einige Male nachgesagt hatte, auch das »Beis« (»B«) und dann auch das »Gimel« (»G«). Die freudestrahlende Mutter hatte alle Anwesenden vergessen. Sie fühlte sich in den Himmel versetzt. Mit vollen Händen verteilte sie die mitgebrachten Leckerbissen, wobei ein Malach (Engel) dem künftigen Gelehrten für jeden Buchstaben das Beste und Schmackhafteste von der Höhe herab, gerade vor seine Nase warf. In solcher Weise begann der Knabe mit seinem sechsten Lebensjahr seine Schulpflicht zu erfüllen.....

Während seines Brester Aufenthaltes versammelte Dr. Lilienthal täglich viele junge Leute um sich, denen er von der Notwendigkeit sprach, sich westeuropäische Bildung anzueignen. Er gab ihnen nützliche Ratschläge, schilderte ihnen in schönen Bildern ihre eigene Zukunft als Männer der Bildung und gewann sich damit die Herzen der empfänglichen Jugend, die wohl auf religiösem Gebiete den Bräuchen der Eltern treu blieb, sonst aber neue Bahnen einschlug und sich immer mehr von den kulturellen Anschauungen der älteren Generation entfernte — das charakteristische Merkmal der Lilienthalschen Epoche!

Von Brest reiste Dr. Lilienthal sodann nach Wilna, um auch dort seine Mission zu erfüllen. Eine Deputation der Gouvernementsstadt Minsk begrüßte ihn und lud ihn zu sich ein. Dr. Lilienthal leistete der Einladung Folge und ging nach Minsk, wo er von den angesehensten Juden mit den größten Ehren empfangen wurde. Gleich nach seiner Ankunft wurde eine Assiphe (allgemeine Versammlung) einberufen, in der er wichtige Fragen beantworten sollte. Die Herren S. Rapaport und O. Lurie führten in der Versammlung das Wort. Die wichtigste Frage war: Was beabsichtigt der Minister für Volksbildung eigentlich mit der Reform? Sollten am Ende alle Juden Rußlands lediglich zur Taufe vorbereitet werden? Dann würden sich alle Juden wie ein Mann gegen diese Reformen auflehnen und sie zum Scheitern bringen. Denn nähme man dem Juden seine Religion, so wankte der feste Boden unter seinen Füßen und er sei verloren. Seine eigenen Kinder würden sich gegen ihn empören. Dr. Lilienthal war entsetzt. Er schwur bei einer Sepher-Thora (heiligen Rolle), daß er den Juden Volkstum und Religion erhalten wolle und die Taufe verabscheue. Vor Aufregung weinend, versicherte er immer wieder, daß er nur das Beste für die Juden anstrebe. Schließlich gelang es ihm, die Versammelten zu beruhigen.

Auch nach der Stadt Woloschin, in der damals die Jeschiba (Talmudische Hochschule) in höchster Blüte stand, kam er in Erfüllung des ministeriellen Auftrages.

Jeschiba ist eine Lehranstalt für erwachsene Jünglinge, die in dem Talmudwissen bald zur höchsten Stufe gelangt und zur Rabbinerstelle reif sind. Solche Talmudlehranstalten gab es damals drei, in Woloschin, in Mir und in Minsk. Für diese Anstalten wird noch bis jetzt von der gesamten Judenschaft gesammelt. In einer jeden dieser Anstalten bekamen dann mehr als 200 Jünglinge ihren Unterricht. Ein besonders großes Gebäude mit einigen großen, geräumigen Zimmern! Ein »Haupt«, eine Art Direktor, ein großer Talmudist, ein religiöser, kluger, sehr ehrlicher Mann leitet diese Anstalt, während viele Melamdim — erprobte Talmudisten — den jungen Leuten Unterricht erteilen. Das Kontingent der Schüler besteht aus allen Klassen des jüdischen Volks, meistens aus der mittleren Klasse, deren bares Kapital das geistige Vermächtnis ausmacht. Diese leben meistenteils auf Kosten der Anstalt. Junge Leute aus reichen Kreisen sind hier auch zahlreich vertreten, meist sind es schon verheiratete Männer, die, Väter einiger Kinder, auf eigene Kosten hier leben. Mein Vater selbst hatte schon drei Kinder, während er in der Woloschiner Jeschiba das ganze Jahr »lernte«. Nur zu den Feiertagen kam er nach Hause.

In Woloschin musste Lilienthal, um die Gemüter zu besänftigen, wiederholt beschwören, daß er allen Bestrebungen, die Juden der Taufe näher zu führen, fern stünde. — — — — — — — — — —

In aller Stille nahm unter den Juden Rußlands die Kulturbewegung ihren Anfang. Die Jugend regte sich energisch; die geistige Arbeit begann. Es kostete wenig Zeit und verhältnismäßig geringe Mühe, die angedeuteten Reformen durchzuführen. Eine erfrischende Luft wehte durch die jüdische Gesellschaft der Stadt Brest, wie aller anderen russisch-jüdischen Orte.

Ich habe schon erzählt, wie groß der Jubel meiner Schwager über die bevorstehenden Reformen war. Aber sie mußten an sich halten, um sich nicht zu verraten und meine Mutter nicht zu verletzen, die ihr prophetisches Urteil über diese Wandlung hatte. Indessen waren meine Schwager nicht die einzigen in Brest, die sich für die westeuropäische Kultur begeisterten. Es gab auch eine Gruppe von mehr als 20 jungen Männern, welche die Lilienthalsche Bewegung sehr ernst nahmen und in ihrem Kreise eifrig für die Sache wirkten — stießen sie auf einen beschränkten Menschen, so waren sie der Ansicht, daß es schließlich auch genügen würde, wenn dieser wenigstens eine Adresse in russischer Sprache schreiben könnte.

Man darf nicht vergessen, daß die Kenntnisse meiner Schwager und ihrer Zeitgenossen in den europäischen Sprachen jener Zeit sehr begrenzt waren und in Lesen, Schreiben, ein wenig Russisch und Polnisch bestanden. Die deutsche Sprache war ihnen geläufiger. Sie hatten eine Ahnung von der klassischen Literatur dieser Sprachen und mancher Wissenschaften. Die niedere, jüdische Klasse aber verstand weder zu schreiben, noch zu lesen oder eine europäische Sprache zu sprechen; sie sprachen ein dürftiges Polnisch, und ein Kauderwelsch von Deutsch und Russisch wurde von der jüdischen Kaufmannschaft notgedrungen gebraucht; während der Pöbel ein Gemisch von Polnisch, Russisch, Lettisch sprach, dessen sie sich auf den Märkten mit den Dorfbewohnern bedienten.

Tiefgreifend konnten die Umwälzungen erst werden durch

die Begründung in neuem Geiste geleiteter Rabbinerschulen. So entstanden die Schulen in Wilna und Schitomir. Die ersten Schüler waren zumeist junge Leute, die sich alle Mühe gegeben hatten, bei Eröffnung der Schulen aufgenommen zu werden. Nur selten war ihnen der Eintritt in diese Schulen ohne Kämpfe in der Familie möglich. Wem es nicht leicht wurde, der riß sich von Weib und Kind los und flüchtete sich nach Deutschland, wo er oft mit harter Not Medizin, Pharmacie, Philologie oder anderes mit glänzendem Resultate studierte. Die Stadt Rossieni in Kurland kann mehr als 10 solcher Ritter vom Geiste nennen, Ärzte, Juristen, Apotheker, Philosophen und Dichter, die teils in Rußland, teils im Auslande studiert hatten. Noch jetzt lebt und wirkt in Rußland ein Professor der orientalischen Sprachen, der seine Jugend beim Talmudfolianten verbracht hat und sich später in dieser Weise ausgebildet hat. Freilich er und seine Kinder sind getauft. Auch den jüdischen Astronomen Ch. S. Slonimsky haben seine bedeutenden, talmudischen Kenntnisse nicht gehindert — vielleicht haben sie sogar dazu beigetragen, in der Mathematik berühmt zu werden. — Die Mehrzahl der Zöglinge in den neuen Rabbinerschulen waren früher Talmudisten. Sie lernten leicht, und die meisten erhielten beim Abgang von der Schule die goldene Medaille, ebenso diejenigen, die später die Universität besuchten! Das Studium des Talmuds ist eben eine in jeder Hinsicht gute, geistige Übung, wozu noch die Wißbegier, der temperamentvolle Charakter und der geistige Schwung des damaligen Juden kamen. — — — — — — — — — — —

Einen Tag nach dem Besuch bei Dr. Lilienthal finden wir die jungen Leute, meine Schwager, in ihrem Studierzimmer nachdenklich beieinander sitzend. »Die Bücher werden schon zu finden sein«, sagte mein wißbegieriger, älterer Schwager. »Wir müssen nur darauf bedacht sein, vom Talmudlernen Zeit für unser neues Studium zu erübrigen,

ohne die Aufmerksamkeit der Eltern zu erregen ...«, worauf
der andere in seiner phlegmatischen Weise antwortete: »Ja,
gewiß! Wenn du zu studieren beginnst, halte ich auch mit.«
Dr. Lilienthal hatte ihnen in erster Linie das Studium der
russischen Sprache empfohlen; dann, als gleichfalls sehr
wichtig, Naturgeschichte, sowie die deutsche Literatur.

Einige Zeit darauf gab es mehrere störende Zwischenfälle,
die der Komik nicht entbehrten. Meine Mutter war seit dem
Besuche der jungen Leute bei Dr. Lilienthal fest überzeugt,
daß ein neues, fremdes Element in ihr Haus, ebenso wie bei
den anderen Juden in Rußland, eingezogen sei, wobei das
Wort Gottes wirklich hintenangesetzt werden sollte. Und sie
ward sehr traurig. Unauffällig, aber scharf beobachtete sie
das Verhalten und die Handlungen der jungen Leute. Die
Schwager hatten sich die nötigen Lehrbücher verschafft und
zu studieren begonnen, was natürlich auf Kosten des
Talmudstudiums geschehen mußte. Äußerlich blieben sie
ruhig und schienen sich wie gewohnt, mit dem Talmud zu
beschäftigen. Doch konnte ein aufmerksamer Beobachter
unter den großen Talmudsfolianten nicht selten einen Band
von Schillers oder Zschokke-Werken entdecken; im letzteren
erfüllte besonders die idyllische Lebensweise Engelberts die
jüdische Jugend mit Begeisterung, während die Prinzessin
von Wolfenbüttel — zumal bei den jüdischen Frauen —
Sympathie und Mitleid erregte. Und Schillers Marquis Posa
galt allen jüngeren Männern als Vorbild. Die nüchterne,
russische Grammatik war auch zur Hand, und in der
Büchersammlung fehlte auch eine Naturgeschichte nicht.

Mein Vater ließ seit dem Besuche bei Dr. Lilienthal keine
Gelegenheit unbenützt vorübergehen, von ihm und seiner
wichtigen und großen Aufgabe zu sprechen. Es tat ihm
ordentlich wohl, mit jedem Gast und besonders mit den
jungen Leuten, meinen Schwagern, die großartigen
Reformen zu erörtern. Er geriet in Eifer bei solchen
Gesprächen, lobte, daß endlich auf dem Gebiete des

Unterrichts der jüdischen Jugend Ordnung geschaffen werden sollte, grollte aber doch, daß Dr. Lilienthal so gottlos gesprochen habe, daß man die früher erwähnten Talmudabschnitte der jüdischen Jugend entziehen müsse, und man sich gegebenenfalls nicht nach den Talmudgesetzen richten solle.

... Es war eines Morgens in dem denkwürdigen Sommer des Jahres 1842, als meine Schwager, ohne zu ahnen, daß jemand sie hören könnte, die neuen Bücher aus ihrem Versteck holten, auf den offenen Talmudfolianten legten und im Vereine mit dem dritten, Reb Herschel, einem Melamed aus der Kehila Orlo, der genial war und große talmudische Kenntnisse besaß, laut schreiend über einen Satz im »Don Carlos« disputierten. Um einer immerhin möglichen Überraschung vorzubeugen, lasen und sprachen sie genau in derselben singenden Weise, in der sie sonst den Talmud zu lernen pflegten. Meine Mutter schien seit dem Erscheinen Dr. Lilienthals wie von einem Gespenst verfolgt, und nun wollte sie in das Studierzimmer der jungen Leute gehen in der Hoffnung, sich überzeugen zu können, daß ihre quälenden Gedanken doch unbegründet seien, und daß der Teufel in Gestalt Dr. Lilienthals sich doch noch nicht völlig ihrer Schwiegersöhne bemächtigt hätte. Sie blieb unten an der Treppe, die zum Studierzimmer führte, lauschend stehen. Dann stieg sie die Treppe hinan, blieb wieder stehen, lauschte und hörte mit Freude, wie fleißig drin gelernt wurde. Als sie aber das Ohr der geschlossenen Tür näherte und aufmerksamer horchte, erfaßte sie Schreck und Erstaunen. Ein furchtbarer Ausdruck von Enttäuschung und Ärger verstörte ihre Gesichtszüge. Von »Omar abaje«, mit welchen Worten viele Traktate des Talmud beginnen, hörte sie nichts. Bloß Marquis Posa, Herzog Alba usw.

»Sind es also wirklich nur die sündigen Büchlech, mit denen sich die jungen Leute befassen?« dachte sie mit einem großen Weh im Herzen.

Es verstrich eine geraume Zeit, ehe meine Mutter sich fassen konnte. Dann ergriff sie mit zitternder Hand die Klinke, öffnete die Tür und blieb wortlos vor Ärger auf der Schwelle stehen. Beim Geräusche der sich öffnenden Türe wandten die drei Überraschten die Köpfe um, und sie hätten sicherlich aufgeschrieen, wenn ihnen der Atem nicht versagt hätte. Ihre erste Bewegung war, daß sie sämtliche Bücher unter den Tisch gleiten ließen; sie wollten ja der Mutter nicht trotzen. Es tat ihnen sogar weh, daß diese »Büchlech« ihr soviel Kummer bereiteten. Allein der Reiz des Neuen, das Anziehende im Studium der fremden Sprachen und der Wissenschaften nach dem Einerlei des Talmudlernens war von einem unwiderstehlichen Zwange. Meine Mutter gewann zuerst wieder die Herrschaft über sich und rief laut: »O Himmel, ich soll in meinem eigenen Hause das Wort Gottes so verhöhnt sehen! In demselben Nigen (Tonfall), in dem ihr den Talmud lernt, verhöhnt ihr ihn jetzt durch das Lesen dieser apikorssischen (abtrünnigen) Büchlech!! Und auch Ihr, Reb Herschel, Ihr habt es auch nötig?! Was wollt Ihr damit in Eurer Kehile Orlo machen! Ihr wollt auch ein Apikaures (Abtrünniger) werden, wie meine jungen Leute?« Sie war bei dieser Rede so aufgeregt, daß ihre Füße ihr schier den Dienst versagten. Die jungen Männer blieben stumm; ihre nach links dem Fenster zugewendeten Köpfe waren unbeweglich. Da keine Antwort, folglich auch kein Widerspruch kam, beruhigte sich die Mutter einigermaßen, und sie entfernte sich schweigend.

Es verging nicht lange Zeit, da überraschte sie meinen älteren Schwager allein bei dem neuen Studium. Es war am frühen Morgen desselben Sommers. Der Berg in der Nähe unseres Hauses stand noch in düsterem Nebel. Ich befand mich zufällig im Hof und sah meine Mutter aus dem Hause kommen. Sie ging zum großen Tor hinaus. Ich folgte ihr. Sie machte einige Schritte an dem Gitter des Blumengartens entlang, der sich an dem Hause befand und blieb erstaunt stehen. »Wer steht dort?« sprach sie wie zu sich selbst — oder war es an mich gerichtet? Sie machte noch ein paar Schritte und sagte mit lauter Stimme: »Doch, doch, ich glaube David (mein älterer Schwager) ist es! Was tut er dort?«, rief sie aus und näherte sich rasch dem Winkel des Gartens, wo eine große alte Pappel stand. Sie hatte sich nicht geirrt: es war David. Mein Schwager hatte nur einen leichten Chalat (Schlafrock) an, dessen Gürtelenden lose übereinander geworfen waren, statt zu einer Schleife gebunden zu sein; seine Brust war entblößt, das Haar zerzaust, eine Peje (Ohrlocke) war ganz hinter das Ohr geraten, während die andere sich auf der Wange wie eine kleine Schlange bewegte; das schwarze Sammetkäppchen zeigte reichliche Spuren der Daunenkissen, die nackten Füße staken in den Pantoffeln. Der Morgennebel lag auf der vor Kälte und Nässe zitternden Gestalt. Die rechte Hand arbeitete kräftig, sie beseitigte die Rinde der Pappel und holte kleine Insekten heraus, die mein Schwager nicht ohne Ekel in ein Kästchen mit einem Glasdeckel warf. Der Anblick muß recht komisch gewesen sein, denn meine Mutter rief halb verwundert, halb belustigt: »Wos tust du do?«

»Gur nischt« (gar nichts), gab er lakonisch zur Antwort, ohne sich in seiner Arbeit stören zu lassen.

»Wos is do im Kästchen auf der Erd?« fragte die Mutter weiter.

»Gur nischt!« meinte der überraschte Naturforscher.

»Warum biste so früh do?« forschte meine Mutter.

»Früh! S'es gur nischt früh!« antwortete der junge Mann in der Hoffnung, sich so aus der Affaire zu ziehen. Aber das nützte nichts, denn die Mutter beugte sich über das Gitter und entdeckte nicht ohne Ärger auch ein Buch neben dem Kästchen. Nun begriff sie, daß beides einem und demselben Zwecke diente, und sie verwünschte im Stillen Dr. Lilienthal. Ein verzweifelter, vielsagender Seufzer entrang sich dem tiefbetrübten Herzen meiner armen Mutter. Sie blieb eine Weile starr, die Dinge vor sich anblickend. Dann wandte sie sich nach rechts und trat in den Garten. Der halbnackte Naturforscher erriet ihre Absichten und suchte rasch das Weite, indem er alles als Beute zurückließ. Bei der Flucht verlor er einen Schuh, die anderen notwendigen Kleidungsstücke hielt er mit beiden Händen fest. Meine Mutter näherte sich rasch der Pappel, blickte in das Kästchen und entdeckte darin zu ihrem unbeschreiblichen Erstaunen eine gewöhnliche Fliege, einen Maikäfer, ein Marienkäferchen (»Gottes Kühele«), eine Ameise, einen Holzwurm und noch viele andere Insekten auf Stecknadeln gespießt. Sie traute ihren Augen nicht, und ihr Achselzucken deutete mehr als gesprochene Worte es hätten tun können, auf die Frage hin: »Wozu braucht ein Mensch solches Gewürm?« Sie erschrak aber förmlich, als sie das Buch in die Hände nahm und darin neben den Erklärungen auch die Abbildungen von einigen Insekten erblickte. Der Zufall wollte es, daß ihr Blick auf einem »häuslichen Insekt« haften blieb, das gemütlich hingestreckt dalag — sie schüttelte sich vor Ekel. — Daß die jungen Leute Deutsch und Russisch lernen wollten, leuchtete ihr am Ende ein. Sie begriff schließlich das Vergnügen an Lektüre, sie selbst war in der hebräischen Literatur sehr belesen; allein, daß sich jemand und gar ihre Schwiegersöhne dafür interessierten, wie sich die Ameise fortbewegt, oder wieviele Füße der Maikäfer oder welche Augen ein grüner Wurm hat, das konnte sie nicht verstehen! Sie ergriff die Trophäen des am frühen Morgen gewonnenen Treffens und kehrte auf demselben Wege ins Haus zurück, den wenige Minuten vorher der flüchtige Held genommen und auf dem er den einen Schuh als Zeichen seiner Niederlage zurückgelassen hatte. Sie nahm auch den Schuh mit, brachte alles ins Speisezimmer und plazierte alles auf dem Fensterbrett. Inzwischen war mein Vater aufgestanden; als er von der

Sache erfuhr, lachte er herzlich. —

Solche Szenen spielten sich nicht bloß in unserem Hause ab: alle anderen Genossen meiner Schwager hatten ähnliche oder noch größere Schwierigkeiten und Unannehmlichkeiten zu erdulden. — Meinem Schwager David waren solche Verfolgungen doch zu bunt geworden. Als man ihn einmal zum Mittagessen rief, meldete er sich krank, und er reiste noch an demselben Abend, ohne irgend jemand, selbst seiner Frau, etwas zu sagen, zu seinem Vater, der Rabbiner war, nach Semjatitcz, einem Städtchen in Polen. Dort hielt er sich einige Zeit auf; darüber freuten sich im Anfang meine Schwestern und meine Eltern, denn sie wußten ihn nun fern von der stetig anwachsenden Lilienthalschen Bewegung. Später hatte man große Mühe, ihn zur Rückkehr nach Brest zu bewegen.

Meine Schwager suchten nun nach Mitteln, solchen Szenen, wie ich sie oben geschildert habe, vorzubeugen, und sie wählten sich ein stilles Plätzchen, das zwischen den Hügeln, unserem Hause genügend fern, lag. Dort versammelten sich die Gesinnungsgenossen, um über manches Buch zu debattieren, Beschlüsse über die brennende Frage der Bildungsbestrebungen zu fassen. Trotz alles fleißigen Bemühens und einer ungewöhnlichen Wißbegierde unter dieser Jugend ging in der ersten Periode aus Brest doch keine einzige hervorragende Persönlichkeit hervor, obgleich wir den großen Verdiensten meiner Schwager und ihrer Zeitgenossen Gerechtigkeit widerfahren lassen und sie als Pioniere, die manche Wege ebneten, bezeichnen müssen: Hierdurch wurde der kommenden Generation die Möglichkeit zu studieren bedeutend erleichtert und manches Vorurteil beseitigt.

Die erwähnten drei jungen Leute waren wohl die ersten in Brest, welche ihre jugendkräftigen Hände nach dem Apfel der Erkenntnis, den ihnen Lilienthal reichte, ausstreckten und ihn mit Lust ergriffen. Mein älterer Schwager bemühte sich trotz seines großen Fleißes und aller Fähigkeiten vergeblich, die Stelle, wo er in den Apfel beißen sollte, zu finden — an seiner asiatischen Erziehung scheiterten alle europäischen Versuche. Er hätte mit seinen talmudischen Kenntnissen viel Höheres für sich und die Gesellschaft leisten können. Mein jüngerer Schwager konnte vom Apfel genießen und ward in kurzer Zeit ein nach damaligen Begriffen gebildeter Mann, während Reb Herschel, der Melamed, nach dem erwähnten Apfel der Erkenntnis seine plebejischen Hände ausstreckte, ihn ergriff und einen tiefen Biß tat.... Es dauerte nicht lange, so verwandelte er sich aus einem »Orler Menschen« in einen interessanten, gebildeten Herrn Hermann Blumberg. Mit einem Worte: die jüdische Jugend von Brest genoß von dem Apfel der Erkenntnis mehr oder weniger; aber ein jeder hat doch davon gekostet, und der Samen, den Dr. Lilienthal in Brest ausgestreut, hat je nach der Beschaffenheit des Bodens ansehnliche Früchte getragen. Die ersten Bildungspioniere in Brest beherrschten nur das erste Dezennium jener Epoche und waren zur kulturellen Unfruchtbarkeit verdammt, da sie leider, wie ich mich erinnern kann, sich als Muster unter den Weisen des alten Griechenlands Epikur und seine Ethik erwählt hatten....

Wenn aber Dr. Lilienthal so reiche Erfolge hatte, so geschah es nur, weil der geistige Boden in Rußland sehr gut vorbereitet war: Das jüdische Kind männlichen Geschlechtes (nicht aber die Mädchen) wurde damals von frühester Jugend an zum Lernen angehalten und später, im Knabenalter schon, mit scholastischem Gespinst, mit vielen talmudischen Spitzfindigkeiten und ernster Lebensanschauung bekannt gemacht. Da kein anderes Studium ablenkte, so konnte der jugendliche Schüler sich täglich dem Studium des Talmuds ganz hingeben. Unterhaltung fand er auch nur zu Hause im Familienkreise (daher auch die Anhänglichkeit), sowie in dem bescheidenen Familienleben seiner Kameraden. Die zahllosen

Vergnügungen von heute kannte die damalige Jugend nicht. Und so war damals der Jude schon in seinem Jünglingsalter in geistiger Hinsicht ein ganzer, wenn auch einseitiger Mensch. Mit Leib und Seele hing er an seiner Tradition und seiner Religion, die für ihn die Moral, die Ethik — die ganze Welt in sich schlossen. Seine Bibel bot ihm hinreichendes Wissen in der Weltgeschichte bis zum grauen Altertum hinauf und bis zu der christlichen Aera herunter; seine Propheten adelten seinen Geist, ergötzten seine Seele, verliehen ihr Schwung, erfüllten sie mit Begeisterung, und der Stolz des Kindes und so auch des jüdischen Mannes, das Selbstbewußtsein, faßte schon in seiner Jugend Wurzel — was die Andersgläubigen mit Dünkel und Frechheit zu bezeichnen pflegen. Die Ethik der jüdischen Weisen, ihre kernige und zugleich erhabene Lebensanschauung machten den damaligen Juden frühzeitig zum Denker und Philosophen, der auch die Schönheit in seiner Religion fand. Das jüdische Volk lebte damals wie auf einer Insel, fern von der übrigen Welt, aber nicht w i l d wie die Insulaner. Es war hier auf der Insel glücklich, wo es für sich allein die Welt des Geistigen besaß: seinen Glauben, seine Tradition, die ihm allen Genuß im zeitlichen Leben gewährte. Und die Hoffnung auf ein künftiges Leben ließ ihn die Leiden des gegenwärtigen ertragen. Aus diesem geistigen Reich konnte ihn keine menschliche Macht verjagen. Hier war er Herr und Meister.

Die Sturm- und Drangperiode des damaligen jüdischen Jünglings vollzog sich auf der Schulbank. Keine Revolution, keine Liebesabenteuer rissen ihn von seinem beschaulichen Wege fort; auch das Geschäft nicht, denn es galt den Eltern als heilige Pflicht, für den Sohn bis weit über die Jünglingsjahre, selbst nachdem er schon Ehemann und Familienvater war, zu sorgen, da es höchstes Glück war, wenn der junge Ehemann ununterbrochen den Talmud studierte. Unter diesem Gesichtspunkte wählten wohlhabende Leute für ihre Töchter und ihre Söhne: die Braut mußte vor allem hübsch von Gestalt, klug und gesittet sein. In erster Reihe aber eine »Bas towim«, d. h. die Tochter eines gelehrten und religiösen Mannes. Ich kann beteuern, daß die Wahl der Eltern, die nicht von dem Gott Mammon beirrt war, selten ein Fehlgriff war. Im großen und ganzen gab es damals, wie ich mich zu entsinnen weiß, viele sehr glückliche Ehen, in denen die Sittlichkeit der jungen Eheleute dem Bunde Weihe verlieh und für immer die Treue sicherte. Keine Enttäuschungen, keine Übersättigung, kein Hasten nach Veränderung störten die Eintracht des Paares, und der wahre göttliche Funke der Liebe nährte die heilige Flamme auf dem häuslichen Herd, d i e F l a m m e, die kein Sturm im Leben auszulöschen vermochte. Und in den trüben Tagen des Herbstes oder gar in den kalten, kurzen, einsamen Wintertagen — im hohen Alter, wenn das Feuer längst ausgebrannt ist, wärmt und erhält dieser unter der Asche noch glimmende Funke die oft frierende Seele.

Wenn an diesem geheiligten Eheleben die Aufklärung rüttelte und manches kostbare Gut zerbrach, so vergesse man nicht, daß das zu starke Licht der europäischen Bildung zu schnell ohne die milde Vermittlung der Dämmerung hereinbrach und die verblüffte Jugend blendete. Waren doch die ersten Adepten der Bildung schon gereifte Männer, die bis zu diesem Augenblick ein fast asketisches Leben geführt hatten. —

II.
Jeschiwa Bochurim.[R]

Die Jeschiwa-Bochurim bildeten gegen Ende der dreißiger Jahre das lernende Proletariat in Brest, wie in ganz Litauen. Ihre religiöse und geistige Erziehung war systematisch geregelt. Die jüdische Gesellschaft trug unter Aufwand von vielen Kosten dafür Sorge. Dagegen blieb ihre körperliche Pflege ganz problematisch, weshalb schwächliches, verkümmertes Aussehen für den Jeschiwa-Bocher charakteristisch war. Sie waren in ihrer täglichen Nahrung, ihrer Kleidung und ihrem Obdach ganz auf den glücklichen Zufall und auf die Gnade der Mitbürger angewiesen. Es wurde ihnen im besten Falle Mittagessen verabreicht, aber auch das nicht an jedem Tag der Woche. Für die anderen Mahlzeiten sorgte der, »welcher den Sperlingen in der Luft die Nahrung spendet«. Ihr Obdach fanden sie in den Bothemidroschim, die Lehrhäuser und Synagogen zugleich waren. Auf den harten Holzbänken, die Fäuste unter dem Kopf, schliefen sie im Sommer und in der Nähe des geheizten Ofens im Winter den Schlaf des Gerechten. Ihre Kleidung erhielten sie von mildtätigen Bürgern stets zu unrechter Zeit: zu Beginn des Sommers wattierte Winterkleider, im Spätherbst sommerliche Kleider und Stiefel. So froren sie im Winter und schwitzten doppelt soviel wie die Reichen im Sommer. Auf diese Weise fristeten sie ihr Dasein jahrein, jahraus, mit Eifer und Ausdauer ihren Talmud studierend, bis zu ihrem 20. Lebensjahr. Dann heirateten sie, mitunter sehr günstig, denn sie wurden von den reichen Bürgern geehrt und begehrt, da sie im Volke als gute Talmudisten und ehrenwerte, fromme Menschen galten.

Diese Bochurim pflegte man ihren rabbinischen Kenntnissen

nach in drei Klassen einzuteilen. In meinem Elternhause erhielt jeden Tag ein anderer Angehöriger dieser drei Klassen das Mittagmahl. Der älteste von ihnen hieß mit dem Eigennamen Schamele, er gehörte schon als tüchtiger Talmudist zu den Jeschiwa-Bochurim, der höchsten dritten Klasse. Das war ein ruhiger, pfiffiger, aber schwerfälliger, blonder Junge mit gutmütigen, blauen Augen. Er trug Sommer und Winter ein und denselben langschößigen, an den Ellbogen zerrissenen Kaftan. Der zweite Bocher zählte zu den Orem-Bocherim, da er den Unterricht in der Bibel und in den leichteren Talmudteilen von den städtischen Melamdonim, und zum Teil von den gesetzkundigen, jungen und alten Talmudisten in den Bothemidroschim erhielt. Er hieß Fischele und bildete den leibhaftigen Gegensatz zu dem Schamele, denn er war beweglich, schwarzäugig, und schien immer aufgeregt und somit den Spitznamen Fischele zu rechtfertigen. Der dritte hieß Motele, er gehörte der jüngsten, niedersten Klasse an und war Wanderbocher. Das war ein von Natur stiller, bedachter, ruhig räsonnierender Jüngling, der richtige Typus des Wanderbochers.

Die meisten dieser Jünglinge kamen aus den Städtchen und Dörfern der Umgebung nach Brest, um dort zu lernen. Sie besaßen viel Mutterwitz, waren ruhig und verrichteten jeden Dienst in den Häusern, in denen sie ihr Mittagbrot bekamen. Sie waren vorzüglich geeignet, in der geistigen Gärungsperiode der Lilienthalschen Bewegung die Korrespondenz und die aufklärerischen (apikurssischen) Bücher zu den jungen Leuten in die Stadt zu bringen.

Man konnte oft den einen oder anderen von ihnen in der Dämmerstunde, wie eine Katze spähend, sich leise in unseren Hof mit einem Packet dieser geistigen »Kontrebande« schleichen und direkt auf der zum Studierzimmer meiner Schwager führenden Treppe in der Dunkelheit des Vorabends verschwinden sehen. Hätte das wachsame Auge meiner Mutter sie erblickt, so wäre es ihnen böse ergangen; an d e m Tage wären sie bei uns sicher nicht satt geworden.

Fischele hatte sich allmählich als Autodidakt zu einem sehr guten Pädagogen ausgebildet. Er pflegte halb scherzhaft, halb im Ernst zu bitten, man soll ihm helfen: aus einem Orembocher ein Oremmann (armer Mann) zu werden. Bald heiratete er ein braves Mädchen und fand als gebildeter Mann in der höheren, jüdischen Gesellschaft eine gute Aufnahme. Dagegen hat Schamele, wie wir später erfahren haben, sein Leben nicht an großen Talmudfolianten beschlossen.

Die Lilienthalsche Bewegung hatte eben selbst in den orthodoxen Kreisen des niederen, jüdischen Volkes tiefe Spuren hinterlassen, und die Jugend auf neue Bahnen gelenkt. Schon nach einem Dezennium sah man die meisten Kinder des niederen Volkes, wie auch der Handwerker auf den Schulbänken, und die europäische Bildung wurde Gemeingut der jüdischen Bevölkerung. Die gemeinsame Bildung bewirkte eine Verschmelzung, eine Gleichstellung von Patriziern und niederen Leuten. Der Fachmann, der Arzt, der Advokat usw. trat an die Stelle des traditionellen Mijuches (Aristokratie).

Indes hörte das althergebrachte Studium des Talmuds nicht auf, es wurde nur in ganz anderer Weise hochgeschätzt; und Ende der sechziger Jahre fand ich in demselben Lande die früher geschilderten drei Bochurim von ganz anderem Aussehen. Ihr Aeußeres ließ Ende der sechziger Jahre wenig zu wünschen übrig. Ein jeder dieser Bochurim konnte bereits russisch lesen und schreiben, hatte einen Begriff von der Weltgeschichte. Aber er blieb seiner alten Religion treu und hatte volles Vertrauen zu Gott, daß eine bessere Zeit für sein Volk kommen werde. Aus der Mitte dieses lernenden Proletariats wuchsen die Rabbiner für die kleinen litauischen Städtchen heraus, sowie die Dajanim

(Volksrichter) und die More horoes (Gesetzeskundigen), welche über Trefe und Koscher und rituell-hygienische Fragen zu entscheiden hatten, ferner die Magidim (Volksprediger), die Schochtim (Vieh- und Geflügelschächter), die Chasonim (Kantoren) und endlich die Batlonim, arme Talmudisten jeden Alters, welche man bei frohen oder traurigen Ereignissen Psalmen, Hymnen oder Mischnajis aus dem Talmud rezitieren oder bei einem Toten Tag und Nacht lesen lässt.

Aus einem Orembocher wurde zumeist ein Melamed, der aber vorher noch als Oberbehelfer in einem Cheder (Schule für kleine Kinder) einige Jahre als Repetitor fungieren mußte.

Von allen diesen Funktionären sonderte sich ein kleiner Bruchteil, der sich Pruschim (Abgesonderte) nannte, junge und alte Männer, deren einziger Lebenszweck war, sich ungestört mit Leib und Seele den Talmudstudien hinzugeben. Sie verbrachten, getrennt von Weib und Kind — ihrer Heimat und der Welt fern — ihr ganzes Leben damit, alle Feinheiten dieser Lehre, alle Spitzfindigkeiten der Scholastik zu ergründen und mit anderen über die verschiedenen Auslegungen zu diskutieren. Diese Asketen lebten im Krähwinkel Eschischok im Wilnaer Gouvernement lediglich von der Mildtätigkeit der Bürger, vornehmlich von der Güte der braven Frauen, die ihnen Speis und Trank in die Lehrhäuser schickten, was sie als heilige Pflicht und als gottgefälliges Werk betrachteten. Eine solche Frau besaß kaum 50 Rubel im Vermögen, womit sie Handel trieb, und ihre Kinder wie ihren Mann ernährte, der gleichfalls Tag und Nacht dem Talmudstudium als dem einzigen Zwecke seines Lebens opferte. Das mächtige Wort Talmud-Thora, d. h. die Lehre des Talmuds befördern, »lernen«, stand damals bei dem ganzen jüdischen Volke, wie heute leider nur noch bei einem sehr, sehr geringen Teil, auf der gleichen Stufe mit den eigenen, wirtschaftlichen Sorgen.

Der Typus des Wanderbochers bot freilich das stärkste Interesse. Er hatte das Geblüt des Famulus Wagner: stets dürstete er danach, Neues zu lernen. Solch ein Wanderbocher pflegte, notdürftig bekleidet, zu Fuß von einer Kartzma (Herberge) zur anderen auf der großen Landstraße zu gehen, in jener guten alten Zeit der 40er und 50er Jahre, ehe es Eisenbahnen in Rußland gab. Manchmal gelang es ihm, sich auf eine »Baued« (ein- oder zweispänniges Fuhrwerk, das von einer über Reifen gespannten Leinwand bedeckt war) »heraufzuchappen«, wo der jüdische Fuhrmann ihm willig auf dem Bock die Hälfte seines Platzes einräumte. In der Baued selbst, unter der Leinwanddecke, befand sich ein sehr gemütliches Publikum jeglichen Alters, Standes und Stammes. Das Fuhrwerk bewegte sich langsam vorwärts, da die hungrigen, übermüdeten Pferde nur schwach ziehen konnten. Die Passagiere hatten daher Zeit, gemütlich zu plaudern, und der halberfrorene Wanderbocher hörte diese wahren und erdichteten Erzählungen mit gespannter Aufmerksamkeit an und nahm alles in sich auf. Wieviel Romantik schloß eine solche Reise für ein junges, empfängliches Gemüt in sich! Sie machte grüblerisch und versonnen.

Aus einem solchen Wanderbocher pflegte sich in der Regel ein Maggid zu entwickeln. In seinen Kinderjahren hatte er in seiner einheimischen Talmud-Thora gelernt, einer jüdischen Volksschule, wie sie von jeder größeren Gemeinde unterhalten wurde. Arme Kinder und hauptsächlich Waisen wurden dort schon mit acht Jahren aufgenommen, um Unterricht in der hebräischen Sprache, im Beten und in der heiligen Schrift zu erhalten. Aus dieser Schule entsprangen die oben geschilderten drei Arten Bocherim. In seinen Jünglingsjahren begann so mancher das Wanderleben. Nachdem er als Orembocher den Unterricht schon im Talmudstudium erhalten hatte, zog er in die nächste Jeschiwa, wo für seine weitere Ausbildung, für Wohnung

146

und Kleidung unentgeltlich gesorgt war. Denn auch für diese Anstalten spendeten die Juden aus allen Gegenden viel Geld. Er blieb solange da, als er wollte. Niemand hinderte ihn aber, eine zweite Lehranstalt aufzusuchen, wenn es ihn drängte, noch andere Lehrer zu hören, andere Satzungen und Kommentare kennen zu lernen, denn unerforschlich wie der Meeresgrund ist die talmudische Wissenschaft, meinte der Jude von damals. An dem neuen Orte lernte er andere Menschen, Sitten und Gebräuche kennen. Der Weg dahin war weder sehr weit, noch sehr beschwerlich, während des Sommers konnte er ja notdürftig bekleidet und barfuß gehen, wenn ihm nicht manchmal ein glücklicher Zufall in Gestalt eines Fuhrmanns zu Hilfe kam und ihn zu einer Herberge brachte. Da erholte er sich bei dem jüdischen Arendar (Pächter) im Dorfe einige Zeit, hörte von den verschiedenen Besuchern der Schänke abenteuerliche Geschichten, Wahrheit und Dichtung, erzählen und zog, um manche Erfahrung reicher, von dannen.

Diese drei Arten von Bochurim kann man mit Recht als die Ritter vom Geiste betrachten. Ihr Lebelang hatten sie mit Not, Hunger zu kämpfen und — sie unterlagen nicht.

Die tiefe Kenntnis des Volkslebens, seiner Not und seiner Freuden, seiner Sitten und Gewohnheiten, vor allem seines Vorstellungskreises praedestinierten den Wanderbocher gerade zu einem Maggid, und sie erklärt auch, weshalb der Volksprediger von dem niederen, jüdischen Volk verehrt, ja geliebt wird, und so machtvollen Einfluß ausüben kann.

Unter ihnen gab es hervorragende Erscheinungen, wie z. B. Ende der 40er Jahre der Minsker Magid R. N. K., und der 70er Jahre der Kelmener Magid R. N. Der erstere war ein hervorragender Talmudist und von strengstem Charakter und hielt jedem die Wahrheit vor; der letztere war milder, weltlicher.

Aber sie blieben Wandersleute, die jeden Sabbath in einer

anderen Stadt predigten. Sie waren nicht reich und meist auf die Gastfreundschaft angewiesen. Not brauchten sie da nicht zu leiden, ist es doch eines der wichtigsten Grundsätze, daß jeder wohlhabende Balhabajis (Hausherr) an einem Sabbathtisch einen Gast zu sich lade. Diese Gäste fanden sich gewöhnlich Freitag, am Vorabend des Sabbathfestes ein, an dem alle Arbeit und auch das Wandern ruht. Die Mäßigkeit im Essen und Trinken während der ganzen Woche weicht üppigem Geniessen. Da ein solcher Gast eilig und spät abends in einem Ort, wo Juden wohnen, eintrifft und keine Zeit hat, nach einer Herberge zu suchen, so richtet er seine ersten Schritte zur Synagoge, um zu beten. Die Pflicht des Schammes (Synagogendieners) ist es, diese wegen ihrer Neuigkeiten gern gesehenen Fremdlinge für den Sabbath den Bürgern der Stadt zuzuteilen. Nun geschah es einmal, daß der erwähnte Minsker Magid in ein Städtchen kam, um da am Sonnabend zu darschenen (predigen). Er traf am Vorabend, Freitag spät ein, nahm den Weg zur Synagoge, wo die jüdische Gemeinde bereits sabbathlich ruhig und reinlich — manche noch mit nassem Haar von der Badestube her — zum Beten versammelt war. Der Magid betete mit und war fest überzeugt, daß nach Beendigung des Gottesdienstes auch er ein Plät[S] (Einladung) erhalten würde. Aber wie groß war sein Erstaunen, ja sein Schreck, als er bemerkte, daß alle anderen Fremdlinge unter die Bürger verteilt wurden und nur er übersehen worden war.

Alle Bürger standen bereits eng aneinander gedrückt wie Schafe an der kleinen, schmalen Ausgangstür. Er sah sich bald ganz allein im Bethaus, ohne Nahrung und ohne Kidusch. Seine verzweifelte Lage flößte ihm Mut ein. Er sprang hurtig auf die »Bieme« (die in der Synagoge befindliche Erhöhung), klopfte energisch mit der Faust auf ein großes Gebetbuch und rief laut: »Raboissai (Meine Herrschaften)! Wartet, bleibt, ich will euch etwas

Interessantes erzählen!« Im Nu wandten sich die Köpfe dem Sprecher zu — sie hatten ihn früher nicht bemerkt. »Ich bin ein Oirach« (Gast), fing er an, »vor Abend hier eingetroffen und wie ich sehe, sind die hiesigen Hunde gastfreundlicher als die hiesigen Balbatim (Hausherren)!«

Diese Worte hatten natürlich die gewünschte Wirkung. Alle waren im ersten Augenblick stumm vor Erstaunen. Und er fuhr fort: »Ich werde euch erzählen, höret: Als ich mich spät vor Abend dem Städtchen näherte, empfingen mich viele Hunde mit lebhaftem Gebell. Jeder riß mich zu sich, jeder wollte mich für sich allein haben. Hier aber sind viel mehr Menschen als dort Hunde versammelt, und niemand fällt es ein, mich zu sich zu laden, geschweige, sich um mich zu reißen.« Diese Worte brachten die Menge in Wut, und einer von der Versammlung trat hervor und schrie: »Wer ist dieser Mensch, daß er sich untersteht, uns mit Hunden zu vergleichen? Woher bist du gekommen, Elender?« Ein reich gefülltes Maß an nicht gerade duftenden Liebesworten ergoß sich über den Magid. Der aber blieb die Antwort auch nicht schuldig, er rief: »Wartet, wartet nur ein wenig, hört nur bis zu Ende, ich bitte sehr.« Alle wurden wieder still. »Ich bin noch nicht zu Ende. Als die Zudringlichkeit der Hunde mir ein wenig unbequem wurde, beugte ich mich zur Erde, griff nach einem Stein und schleuderte ihn mitten unter die Meute, das wirkte im ersten Augenblick sehr gut. Der Eifer, mich zu besitzen, wich, und die Hunde suchten das Weite. Nur wußte ich anfangs nicht, welche von ihnen mein Stein getroffen hätte, bald aber sah und hörte ich, wie ein Hund rasch, aber auf einem Fuß hinkend und jämmerlich heulend, mit der übrigen Gesellschaft die Flucht ergriff. Nun begriff ich, daß mein Stein ihn getroffen hatte.«

Diese Worte regten die Gemeinde noch mehr auf. Man drang in den Redner, seinen Namen zu nennen, und die Versammelten waren nicht wenig beschämt, in ihm den berühmten Magid zu erkennen und suchten durch freundliche, ehrerbietige Behandlung alles gut zu machen. Am Sonnabend nachmittag predigte er in der Synagoge vor der ganzen, versammelten Gemeinde, welche mit Vergnügen und Andacht der Rede dieses frommen Mannes lauschte. Er tadelte so manches, verkündete für manche Sünde die Hölle, und das Volk weinte. Zugleich versprach er für die guten Taten das Paradies in dieser Welt, wie im künftigen Leben, und das Volk jubelte, da er mit so großem Wissen die Herzen rührte und die edelsten Regungen hervorzurufen verstand. Er mahnte auch in freundlicher Absicht zur Ehrlichkeit im Handel, riet, gutes Maß und Gewicht zu geben, empfahl den Handwerkern Fleiß, tadelte dagegen Faulheit und Hochmut, wobei er sehr gute Volkswitze erzählte, und forderte das Volk auf, den Sabbath zu ehren, Gott für diese Gabe zu danken, da an diesem Tage jeder Jude frei von Sorge ausruhen, sich dem geistigen Genuß ergeben, sich Gott, seinem Schöpfer, nähern könne, was er die ganze Woche über durch Arbeit und Sorge zu tun verhindert sei....

Sonntag verreiste dieser verehrte, populäre Prediger, von vielen Bewohnern des Städtchens ein Stück Weges begleitet.

150

In der Neustadt.

I.
Es war ein schönes Bild ...

Es war ein schönes Bild, als Kaiser Nicolaus I. inmitten einer
glänzenden Suite stand. Seine von Gesundheit strotzende,
hohe Figur ragte über seine Umgebung hoch hervor. Seine
militärische Paradeuniform, der fest anliegende Frack mit
hochrotem Tuchbesatz und Manschetten, die Brust mit
vielen Ordenssternen dekoriert, die massiven Epaulettes, die
blaue, breite Schärpe quer über der Brust, das Portepee mit
dem Degen an der linken Seite, der quer auf dem Kopf
sitzende Dreispitzhut mit dem wuchtigen, weißen
Federbusch verlieh der martialischen Gestalt ein ganz
außergewöhnliches Aussehen. Sein Gesicht mit den
regelmäßigen Zügen, dem glattrasierten Doppelkinn, mit
dem vollen, blonden Backenbart drückte eine wohlwollende,
ja eine freudige Erregung aus, auch die energisch
blitzenden, grauen Augen leuchteten, während die stramme
militärische Haltung das hohe Selbstbewußtsein ausdrückte.
Zu seiner Rechten stand der Kronprinz Alexander II., der
damals, im Jahre 1835, noch ein junger Mann war. Er war
von hohem, massigen Körperbau und hatte im Gegensatz
zu Kaiser Nicolaus I., der lichtblondes Kopf- und Barthaar
hatte, rabenschwarzes Haar, einen schmalen schwarzen
Lippenbart und Augen von gleicher Farbe. Sein ganzes
Wesen umleuchteten Milde und Freundlichkeit; keine Spur
von dem Selbstbewußtsein seines kaiserlichen Vaters! — Der
Kronprinz hatte schon damals, wie ich mich noch jetzt gut
erinnern kann, alle Herzen der umstehenden
Menschenmenge für sich gewonnen. Und diese Sympathie
rechtfertigte er 1861 als Befreier der Leibeigenen.

Umgeben von zahlreichen Generälen, Adjutanten, Ingenieuren, standen die Fürsten auf dem sogenannten Tatarischen Berge. Der glatte, grüne Rasen lag wie ein Samtteppich vor ihren Füßen; und die dunkelblaue Himmelskuppel überwölbte dieses imposante Bild. Die Sonne übergoß es mit einem Meer von Licht, das sich in den Brillantenorden der goldgestickten Beamtenuniformen in tausend Regenbogenfarben brach.

Dieses glänzende Schauspiel erschien uns Kindern wie ein Luftgebilde, da wir neben unserem elterlichen Hause, etwa hundert Faden von dem obengenannten Berge entfernt, standen. — Der Kaiser Nikolaus I. zeigte mit seiner rechten Hand nach verschiedenen Richtungen. Aus den eifrigen Debatten der Herrschaften konnte die umstehende Menge ahnen, daß eine wichtige Frage besprochen wurde: bald wurde ein General, bald ein Adjutant vom Berge heruntergeschickt, der unser Haus beschaute und musterte, die grüne Wiese, die um Haus und Garten lag, mit einem Saschen (russisches Maß = 1 Faden) maß und dann zum Rapport auf den Berg zurückeilte.

Die gaffende Volksmenge erschöpfte sich in tausend Vermutungen und gab jeder Handbewegung des Kaisers tausend Bedeutungen, — nur nicht die richtige. Endlich erfuhr man, daß das ganze Terrain der alten Stadt Brest für eine Festung erster Klasse von Kaiser Nicolaus I. bestimmt worden war! Die ganze Tragweite dieses Projektes sollte jedem Stadtbürger bald klar werden.

Wenige Monate nach der oben geschilderten Begebenheit wurden die Hausbesitzer der Stadt Brest-Litauen durch einen kaiserlichen Ukas benachrichtigt, daß alle durch eine eigens zu diesem Zwecke eingesetzte Kommission ihre Häuser abschätzen lassen sollten. Die Regierung würde eine Abstandsumme zahlen und außerdem ein Terrain vier Werst, das ist 1,5-2 englische Meilen, von der Altstadt entfernt zur Verfügung stellen. Die Nachricht wurde mit

Schrecken aufgenommen. Eine gewisse Ahnung schlich sich in die Gemüter der Bürger, daß ihr Ruin bevorstand! — Für meine Eltern wurde dieses Projekt zur Katastrophe!... Denn nicht nur unser prächtiges Haus, sondern auch die große Ziegelfabrik, die zwei Werst hinter der Stadt stand, sollte niedergerissen werden. Diese Ziegelei warf jeden Sommer große Summen ab, da mein Vater die Lieferung vieler Millionen Ziegelsteine für die schon begonnenen, großen Kasernenbauten übernommen hatte. — Nur schwer konnte mein Vater den ersten Schreck über den neuen Befehl verwinden. Aber er beruhigte sich wie die übrigen Hausbesitzer der Stadt bei der kaiserlichen Versicherung, daß die Regierung für alle Schäden aufkommen würde. — Die Abschätzungskommission, welche die Regierung einsetzte, sollte den Wert aller Häuser der Stadt Brest-Litowsk bestimmen, und die Regierung versprach sehr ehrlich und gut zu bezahlen. — Da schickte der Teufel einen seiner Höllenboten in Gestalt eines Winkeladvokaten. Jude von Geburt, war er sehr befähigt, Prozesse zu führen, Bittschriften in r u s s i s c h e r Sprache abzufassen, was in den dreißiger Jahren des vorigen Jahrhunderts in dem noch vorwiegend polnischen Litauen nur wenige Begnadete vermochten. Bei diesen guten Eigenschaften aber war dieser Mensch ein Ausbund der gemeinsten Gewissenlosigkeit. Dieses Subjekt wußte bald das Vertrauen der gesamten Hausbesitzer, wie auch der Schatzkommission zu gewinnen, und alle beeilten sich, ihr Hab und Gut, das zumeist in dem Besitz ihres Hauses bestand, in seine Hände zu legen, damit er ihre Interessen vor der Kommission vertreten sollte. — Es dauerte jedoch nicht lange, so entzweite er sich mit beiden Parteien und denunzierte bei einer höheren Instanz, daß alle Schätzungen der Kommission falsch seien! Daß in dieser Denunziation ein Kern Wahrheit lag, bezweifle ich nicht. Die Interessen meiner armen Eltern aber wurden durch diesen Racheakt unschuldigerweise schwer getroffen. Da mein Vater seine Sache vor der Abschätzungskommission s e l b s t vertrat, und der Winkeladvokat nicht auf seine Kosten kam, so wurde auch mein Vater ein Opfer der Angebereien. Es dauerte nicht mehr lange, als von einer höheren Regierungsinstanz der Befehl erging, die Abschätzung der Häuser einzustellen, bis eine neue Untersuchungskommission kommen würde! Da erhob sich ein allgemeines Jammern! Ein jeder Hausbesitzer wußte nun schon, daß er seine Besitzung verlieren würde. Und jetzt hörten wir Kinder kein anderes Gespräch mehr im Hause, sei es unter den Familienmitgliedern oder mit Gästen, als über das bevorstehende Niederreißen unseres prächtigen Hauses und der Ziegelei. Und jedes Wort war getränkt mit der Wut über den verruchten Winkeladvokaten David, »den Schwarzen«, der über die Stadt Brest-Litauen so schwere Not heraufbeschworen hatte. Infolge der Denunziation von Rosenbaum (das war sein Familienname) kam nach kurzer Zeit ein zweiter Befehl, daß jeder Hausbesitzer sein eigenes Haus auf eigene Kosten demolieren sollte, um noch schneller Platz zu schaffen, andernfalls würde er zu einer Geldstrafe verurteilt. Man setzte einen sehr nahen Termin an, bis zu dem die Häuser niedergerissen sein mußten. Die Zeit reichte kaum aus, eine Wohnung in der Neustadt zu beschaffen. Von Neubauten konnte natürlich nicht mehr die Rede sein. Die Reichen waren nicht weniger ratlos als die Armen. Wer bares Geld auftreiben konnte, beeilte sich und zahlte das Dreifache, um sich eine neue Wohnung zu mieten. Aber ihrer waren nur ein Viertel der großen Zahl Einwohner der alten Stadt Brest-Litauen; die große Masse blieb tatsächlich ohne Obdach!

Die Beratungen über den Kauf eines Hauses in der Neustadt Brest-Litauen und der bevorstehende Umzug gaben uns Kindern viele Anregungen und Beschäftigung. Mich fror bei dem Gedanken, daß ich mich bald von meinen getreuen Gespielinnen im Cheder und in unserer Nachbarschaft aus der Vorstadt (Samuchawicz) trennen müsse, mit denen wir so traulich gespielt, und daß ich nun die trauten Winkel in ihren Häusern und dem unsrigen verlassen sollte. Ich hatte so stark wie jeder Erwachsene in unserem Hause das Gefühl, daß das ganze Leben meiner geliebten Eltern eine totale Umwälzung erfahren müsse. Wir hofften jedoch, daß, wenn die Untersuchung die Verlogenheit der Denunziation erwiese, alle Schäden ersetzt würden.

Allein diese Untersuchung dauerte nicht mehr und nicht weniger als fünfzehn Jahre!... Zeit genug, einen Teil der Hausbesitzer aus ihren eigenen Wohnungen zu verjagen, zu berauben und ins größte Elend zu stürzen!

Viele wurden zu Bettlern, viele wanderten aus!

Noch jetzt steht mir eine herzzerreißende Szene jener traurigen Zeiten vor Augen, die mich mit Schauder erfüllt! Es war an einem Herbsttage jenes schrecklichen Jahres 1836, als der bewölkte Himmel wie zerschmolzenes Blei über der Erde und über den Seelen der Stadtbürger von Brest-Litauen hing. Der Nordwind blies kalt und jagte den Straßenstaub, der die gelben, abgefallenen Blätter der Bäume wirbelnd vor sich her trieb, den Fußgängern in die Augen. Ich befand mich gerade mit meiner Mutter auf dem Heimwege nach der Vorstadt (Samuchawicz). Wir mußten die kleinen, armseligen Häuschen der Nachbarschaft passieren. Da hörten wir ein Durcheinandersprechen von Jüdisch und Russisch, ein Zanken in Russisch, ein Schimpfen in jüdischem Jargon und ein lautes Weinen. Meine Mutter trat, mich an der Hand führend, näher. Es war eine ergreifende Tragödie, die sich vor uns abspielte. Der festgesetzte Termin für die Räumung war abgelaufen. Da aber die Einwohner des Hauses noch kein Obdach gefunden hatten, so glaubten die Unglücklichen, daß sie noch in ihrem alten Heim würden bleiben können. Aber sie irrten sich. Die Polizei schickte ihre Beamten mit dem Befehl, auf die Räumung zu drängen und im Falle des Widerstandes die

Hausbesitzer buchstäblich aus ihren Häusern zu verjagen! Dieser harte Befehl wurde gerade ausgeführt, als wir in das Häuschen eintraten. Die Wirtin, eine kranke, abgehärmte, magere Frau mit verzerrtem Gesicht packte ihr Hab und Gut in einen alten, grün angestrichenen Kasten. Ihr hochbetagter Mann hielt das kleinste Kind auf seinem Arm. Neben ihm standen noch zwei Kinder, ein Junge von etwa neun Jahren und ein Mädchen von sechs Jahren, deren Händchen und nackte Füße blaurot gefroren zitterten, denn die dürren Leiber waren nur mit Lumpen bedeckt. Auf dem Tische lag ein halber Laib Brot. Im Ofen brannten, vielmehr räucherten, einige Holzscheite, auf denen das armselige Mahl kochte. Die Familie wollte gerade essen, da erschien der Höllenbote und erklärte, daß hier für die Einwohner kein Raum mehr sei. Ja selbst diesen einen Tag sollten sie nicht wagen, hier zu bleiben.

Da war keine Zeit mehr für das Mahl, und rasch ging es an das Zusammenpacken und Zusammenraffen! Selbst in der ärmsten Wirtschaft haben so manche Stücke, so lange sie von ihrem Fleckchen nicht entfernt werden, noch ihren Wert. Wenn man sie aber von ihrem Orte rückt, zerfällt, zerbricht das abgenutzte Zeug. Und wohin sollten diese Armen ihre armselige Habe bringen, wenn sie noch kein Obdach hatten? Waren sie doch jetzt kaum imstande, eine kleine Komerne (Schlafstelle) zu mieten.

Die Frau füllte unter Seufzern, Klagen, Schreien und Fluchen ihren Kasten zur Hälfte mit ihren Armseligkeiten und nahm dann die Kleine vom Arm ihres Mannes. Der Alte aber begann nun, seine Schätze einzupacken — die großen und kleinen Folianten des Talmuds, die Gebetbücher, die damals jeder Jude, mochte er noch so arm sein, besaß — und dieser Mann war ein Hausbesitzer! Bald kam die Chanukalampe an die Reihe, die vier messingnen Sabbathleuchter der Frau, der Hängeleuchter, die Schabbeskleider, der lange Kaftan, der seidene Gürtel und der Streimel (Pelzmütze). Das übrige Hausgerät, das Wasserfaß, der wurmstichige Eßtisch, hölzerne Bänke, mehrere Holzstangen usw. wurden auf die Diele geworfen, und die Armen stolperten einmal über das andere darüber. Es war furchtbar! — Meine Mutter stand mit mir an der Tür und sprach diesen Unglücklichen Mut und Gottvertrauen zu und suchte auch die Wut des Polizisten zu dämpfen, der dann auch bald fortging.

Meine Mutter erinnerte an die Bilder, die, im Trubel vergessen, an der Wand hingen. Da waren Moses mit den heiligen Tafeln auf dem Berge Sinai, Jacob mit seinen zwölf Söhnen, die zwölf Stämme des jüdischen Volkes, und ein Bild der Menorah, jenes siebenarmigen Leuchters, der im Tempel zu Jerusalem stand. »Misrach« war dem Bilde aufgedruckt (auf deutsch Osten), denn nach Osten gerichtet stand jeder Jude beim Gebet. In ähnlichen Bildern suchte der damalige Jude seine Tradition, seine einstige Glanzperiode seiner Nachkommenschaft zu erhalten! — Der Wirt erhob bei dieser Ermahnung seine Augen, wollte die Bilder herunternehmen, aber die Wirtin schrie mit tränenerstickter Stimme zu ihm hinüber: »Sollen sie hier bleiben, diese Bilder!! Wozu haben wir sie schon nötig in der Komerne? Es ist aus mit uns! Ich bin nicht mehr Wirtin; du nicht mehr Wirt; wir haben kein eigenes Winkelchen mehr; sollen auch diese Bilder zum Teufel gehen, wie unser Hab und Gut! O Gott, warum hast du mich diesen Churben (Zerstörung) erleben lassen!«

Der Alte packte geduldig weiter. Und als er seine traurige Arbeit zu Ende gebracht hatte, holte er einen Bauernwagen und lud seine Habe auf: den grüngestrichenen Kasten, der das wichtigste Gerät in sich barg, die langen hölzernen Stangen und das Bettzeug, worin man die drei vor Kälte zitternden Kinder bettete. Eine zerlumpte, wattierte Decke wurde über den Plunder geworfen. — Der Mann, als der stärkere Teil, hatte noch den Mut, sich in den wüsten

Räumen umzuschauen, fand aber nichts mehr, das fortzubringen sich gelohnt hätte; dann hob er mit Fassung und beherzt die Fenster, die Türen und Fensterläden aus den Angeln und trug sie auf den Wagen. »Dafür werde ich doch einiges Geld bekommen«, sagte er.

Verlassen stand das Haus ohne Türen, ohne Fenster da — wie eine Witwe. Ein Anblick, noch viel packender als der einer Brandstätte. Die Wolken schauen hoch hinein, und der Herbstwind jagt heulend durch die toten Räume.

Und langsam führte über die ungepflasterte Landstraße das bis zu den Rädern in den Kot eingesunkene Gefährt die gebrochenen, verzweifelten Insassen in eine hoffnungslose Zukunft nach der Neustadt.

Meine Mutter rief den Armen ein inniges »Gotthelf« auf den Weg. Die Wirtin gab ein »Seid gesund« zurück. Der Mann weinte. Die Kinder aber begleiteten mit lautem Geschrei diese Szene, keiner dachte daran, sie zu beruhigen, denn die Trauer dieses Momentes umschnürte alles Sinnen. Auch ich fühlte, daß hier sich ein furchtbares Geschick vollzog, und Träne um Träne quoll mir aus den Augen.

Daheim erzählte meine Mutter die eben erlebte Szene, und Schwermut legte sich auf alle Hausgenossen. Ein jeder hatte das schmerzhafte Empfinden, daß uns bald, vielleicht schon morgen, ein ähnliches Schicksal kommen könnte.

Meine verheirateten Schwestern wußten wohl, daß sie fernerhin nicht mit den Eltern zusammen wohnen konnten, da der Vater sein ganzes Vermögen mit den liegenden Gütern verlieren würde. Sie mußten daran denken, sich selbst Wohnungen einzurichten. Eine neue Aufgabe, die ihnen bis jetzt fremd und unbekannt war, trotzdem eine jede schon eine Familie, einige Kinder hatte. So sorgenlos, so gemütlich war hier im Elternhause das Leben mit Mann und Kinderchen. Und nun sollte alles anders werden! — Die Sorge legte sich wie zentnerschwerer Stein auf aller Herzen, obwohl die Behörde im Vergleich zu den anderen Stadtbürgern meinen Vater in dieser schrecklichen Zeit ohne jede Strenge behandelte. Von Zeit zu Zeit nur fragte man ihn, wann er nach der Neustadt ziehen würde, worauf er nur sagen konnte, daß er noch kein Haus gekauft hätte. Aber auf die Dauer konnten uns die Beamten selbst beim besten Willen nicht in der Altstadt wohnen lassen.

Eines Morgens kam mein Vater aus der Neustadt und erklärte, er wolle vorläufig nur eine Wohnung mieten. Er hatte auch eine gefunden; die Mutter solle sie sich ansehen. Wenn sie ihr gefiele, so könnten wir schon in kurzer Zeit nach der Neustadt übersiedeln. Ich hörte mit größtem Interesse zu. Trotz der traurigen Szenen bei der Übersiedelung unserer Nachbarn empfand ich doch eine gewisse, frohe Erregung bei dem Gedanken an die großen, bevorstehenden Veränderungen. Wo die Erwachsenen schaudernd an die Mühe und Unbequemlichkeit eines Umzuges denken, hat es für Kinder besonderen Reiz und Behagen, in eine neue Wohnung zu ziehen. Vor den leeren Räumen möchte der Große fliehen, indessen jedes Kind mit Lust darin umherspringt und lustig auf das Echo seiner lauten Worte lauscht.

Meine Mutter begab sich mit einer der älteren Töchter auf die Neustadt und besah die Wohnung. Sie m u ß t e ihr gefallen.

Und bald ging es ans Packen und Zusammenräumen. Viele Stücke unseres reichen Mobiliars mußten verkauft werden, da die kleinen Räume in der Neustadt sie nicht alle hätten aufnehmen können. An einem Dienstag sollte der Umzug nach der Neustadt vor sich gehen. Zuerst sollten meine verheirateten Schwestern mit ihren Familien übersiedeln.

Der festgesetzte Tag kam heran. Wir frühstückten noch alle beisammen — zum letzten Male! — am elterlichen Familientische. Alle schwiegen beredt, übermannt von

Gefühlen, die sich durch Worte schwer ausdrücken lassen! Die Trauer dieses Momentes war inhaltsreich. Die neue Situation war schwerer als ein Feuerschaden zu ertragen. Hier waltet die Wucht der Elemente — die Hand, die wir anbeten, auch wenn sie zerstört! Aber Haus und Hof in dem besten Zustande zu verlassen und aus trauter Heimlichkeit der Ungewißheit einer dunkeln Zukunft entgegen zu gehen, ist die Qual aller Qualen!...

Nach dem Frühstück wurden die Wagen aufgeladen mit den Möbeln meiner Schwestern. Meine ältere Schwester, Chenje Malke Günzburg, wurde behutsam auf die Straße geführt, da sie erst vor kurzem ein Töchterchen geboren hatte. Das kleine, zarte Wesen wurde in Polsterchen, Deckchen eingebettet und in den Wagen gebracht, wo noch die zwei älteren Kinderchen saßen. Als wäre es gestern gewesen, steht mir das Bild vor Augen, wie die alte Kinderwärterin Raschke das Kindchen in den leeren Zimmern aus der Wiege hob, um es meiner Schwester in den Wagen zu bringen; viele heiße Tränen liefen ihr die gerunzelten Wangen herunter....

Von diesem Tage an hörte das patriarchalische Leben im Hause meiner geliebten Eltern auf! Es löste sich ein Glied des Hauses nach dem anderen ab.... Es kamen weit andere Zeiten, als wir bis jetzt gelebt hatten und niemals wieder kamen wir Kinder so alle unter des Vaters unumschränkter Leitung zusammen.

In jenen Tagen war es auch, da der jüdische Friedhof nach der Neustadt überführt wurde. Mit Bestürzung und Entsetzen vernahm die jüdische Gemeinde in Brest, daß die Erde, in der viele Tausend Menschengebeine seit Jahrhunderten ruhten, für die projektierten Festungsbauten verwendet und daß der alte Gottesacker mit seinen uralten Gedensteinen demoliert werden sollte. War die Zerstörung der Altstadt von Brest ein finanzieller Ruin, so wirkte diese

Kunde von der Entweihung der Gräber geradezu vernichtend auf die Gemüter. Vergebens waren alle Bemühungen, Bittschriften, das Flehen, man möge die Toten ruhen lassen. Umsonst, die Behörde blieb unerbittlich wie das Schicksal und befahl die Räumung des Friedhofes.

Und es geschah.

Die ganze jüdische Bevölkerung mit dem Rabbiner, Reb L. Katzenellenbogen an der Spitze, vermehrte ihre Gebete und die Fasttage. Es half alles nichts. Man mußte sich schließlich dem grausamen Befehl fügen. Es wurde ein Tag festgesetzt, an dem dieses noch nie erlebte Leichenbegängnis von vielen Tausenden vorsichgehen sollte. Die ganze Judengemeinde, jung und alt, reich und arm, fastete an diesem Tage. Jeder wollte an der schweren Arbeit teilnehmen. Nachdem die Männer, auch viele Frauen, in der Synagoge in der frühen Morgenstunde — es war an einem Montag, wie ich mich entsinne — mit zerknirschtem Herzen gebetet hatten und der Abschnitt in der heiligen Rolle vorgelesen war, begab sich die Gemeinde auf den alten Gottesacker und verrichtete auch da Gebete. Man las Psalmen, bat die Toten um Vergebung, wie es sonst bei Bestattungen üblich und ging an das traurige Werk.

Einer der schrecklichsten Flüche bei den Juden lautete: »Die Erde soll deine Gebeine herauswerfen!« Und so sah man den furchtbaren Fluch an diesen Gebeinen sich vollziehen!...

Schon einige Tage vorher hatte man Säckchen aus grauer Leinwand angefertigt, die dazu bestimmt waren, die Überreste der Toten aufzunehmen. Und diese kleinen Säckchen genügten vollkommen, den ganzen Menschen zu bergen, der einst im Leben so stolz, so selbstbewußt, so unersättlich, so unermüdlich im Wünschen und Begehren war — das alles wurde nun zu einem Häuflein Staub, kaum eine Last für e i n e Hand.

Die ganze Gemeinde beteiligte sich daran, den Inhalt der

aufgeschaufelten Gräber in die Säckchen zu schütten, mit
einem dicken Bindfaden zu verschnüren und dieselben auf
die bereitstehenden Wagen zu schichten. Hier gab es keinen
Unterschied, Rang und gesellschaftliche Stellung kamen
nicht in Betracht. Alle waren gleich. Die ganze Volksmenge
war bei dieser Handlung tief ergriffen. Hier trauerte nicht
eine Familie um einen Angehörigen, sondern eine ganze
Bevölkerung um ihre geschändeten Toten.

Endlich waren alle Gräber ausgehoben, viele Wagen mit dem
leichten und doch zentnerschweren Inhalt beladen und mit
schwarzen Tüchern bedeckt. Der Kantor stimmte ein Gebet
an, sagte Kadisch (das übliche Totengebet), und der große
Kondukt setzte sich in Bewegung. Viele folgten dem Zuge
den langen Weg von der Altstadt in die Neustadt barfuß.
Ein solches Leichenbegängnis war noch nicht dagewesen.
Die Regierung hatte Militär gestellt als Ehreneskorte, zum
Teil vielleicht auch darum, weil unter den ausgegrabenen
Leichen sich viele Opfer einer großen Epidemie befanden. Die
Soldaten schritten mit geschultertem Gewehr dicht neben
den Wagen; die Bürgerscharen folgten in tiefem Schweigen.

Auf dem neuangelegten Friedhof, bei dem Dorf Bereswke —
sechs Werst von der Altstadt — wurden die Säckchen mit
den Gebeinen derjenigen, auf deren Gräbern man keine
Leichensteine vorgefunden hatte, in Massengräber versenkt,
während die Überreste der anderen in einzelnen Gräbern
beerdigt wurden, auf die man die alten Steine wieder setzte.
Da kann man noch heute die hebräischen Inschriften lesen,
die einige Jahrhunderte zurückführen. Der Grabstein des
Rabbiners Abraham Katzenellenbogen lautet in der
Übersetzung:

»Hier ruht der große Rabbi, unser Gaon und Lehrer
Abraham ben David des gewesenen Rabbiners in Brest,
Litauen, gestorben 1742.«

Auf einem anderen Leichenstein liest man:

>>Öffnet die Tore und lasset den Gerechten eintreten!
Hier ruht der berühmte Gaon, der heimgegangene Josef
ben Abraham, sein Andenken sei gesegnet. Möge seine
Seele im Reiche des Ewig-Lebenden aufgenommen sein!<<

Die Jahreszahl ist verwischt. Auf einem anderen Steine
steht:

>>Hier ruht der außerordentlich tugendhafte Rabbi und
Prediger, unser Lehrer und Leiter, Kiwe's Sohn Moses,
verschieden   Montag,   am   Vorabend   des
Versöhnungstages 5591 nach Erschaffung der Welt. Er
ist hingegangen, wo das Licht seiner Weisheit ewig
leuchten wird.... Er spricht zu uns in seinen Werken
und lebt nach seinem Tode fort.... Der Duft seiner
blumenreichen Sprache ist unvergänglich.<<[T]

Es dunkelte bereits, als die Massen-Beerdigung auf dem
neuen Friedhof zu Ende war. Nach dem vollbrachten Werk
zerstreute sich die Menge wieder lautlos.

An diesem Abend herrschte in unserem Hause große Trauer.
Meine Eltern standen unter dem tiefen Eindruck dieses
schweren Tages.

Im Innersten bewegt, waren sie stumm und in sich gekehrt.
Es wurde nicht gesprochen, man hörte keinen Laut. Alle
waren mit ihren Gedanken über den Tod und die
Vergänglichkeit des irdischen Lebens beschäftigt.

Die Stadt Brest konnte an diesem Tage viele Heilige
aufzählen, die alles Irdische vergaßen und dessen
Vergänglichkeit erkannten.

Vielleicht, daß dieser schwere Tag sich lähmend auf die
Schwungkraft meines teuren Vaters legte. Er hat sich
eigentlich von dem schweren Schlage, der ihn von seiner

Scholle riß, nie recht erholt.

Nach fünfzehn Jahren vieler schwerer Prozesse bekam mein Vater von der Regierung eine ansehnliche Summe Geldes für seine liegenden Güter. Aber er war ein alter Mann, seinen Geschäften entfremdet und ein rechter Bankdrücker geworden — ein Gelehrter, dessen Tätigkeit nur in seinem Studierzimmer an Talmudfolianten fruchtbar werden konnte.

Es gab wohl noch mancherlei Aufträge für den Festungsbau. Aber es war, als wäre der Vater aus seiner Wurzelerde herausgerissen — es wollten keine Früchte mehr reifen.

II.
Ein Sabbath.

Mit der Übersiedlung von der alten Stadt Brest in Litauen nach der Neustadt nahm das Leben in meinem Elternhause eine ganz andere Form an. Während das alte Heim, vom Gastzimmer bis zur Wagenscheune, vornehm eingerichtet war, waren hier die kleinen Räume ärmlich. Zwar waren es noch die alten, mit Goldbronze imprägnierten Mahagoniholzmöbel, die diese kleinen Räume erfüllten, aber ach, in welchem Zustande! Verblichen, schäbig. Von mancher Garnitur fehlten schon Stücke, mancher Tisch hinkte auf einem Fuß, die Lehnen der Stühle boten keinen sicheren Halt mehr, von den Rahmen der großen Spiegel war das Gold abgeritzt. Aber die Wohnung ist immer ein Spiegelbild ihrer Bewohner! Beiden sah man an, daß sie einst freundliche Tage gesehen. Das Material war im Kerne solid und hatte seine guten Dienste geleistet; und hätte jetzt noch das Schicksal einen gütigen Blick auf Menschen und Möbel geworfen, so hätten sie noch den alten Glanz annehmen können! Aber das Schicksal war unhold für lange, lange Zeit.

Jedoch war jene Periode für meinen Vater eine der inhaltsreichsten. Sie brachte den Adel seiner Individualität zum Vorschein. Er hatte mehr als früher Zeit und Gelegenheit, seinen Nächsten mit Rat und Tat beizustehen, sich durch seine großen, talmudischen und sonstigen Kenntnisse in der hebräischen Literatur Liebe und Verehrung in der jüdischen Gesellschaft zu erwerben.

Nachdem er alle seine Geschäfte liquidiert hatte, widmete er sich dem Talmudstudium vollends und lebte »Al hatauro w'al hoawaudo« (der Lehre und dem Gottesdienst)! Der Tag war in unserem Hause so eingeteilt, daß für Talmudstudien so viel Zeit wie für Essen und Schlafen gelassen wurde.

Auch hier in der kleinen Wohnung war sein Kabinet mit vielen Fächern versehen, wo zur früheren Bibliothek noch viele Bücher hinzugekommen waren, und dort schrieb er im Anfange der vierziger Jahre die beiden Werke, von denen ich schon vorher berichtet habe.

Auch in dem neuen Heim pflegte mein Vater um 4 Uhr früh, im Sommer wie im Winter, aufzustehen und seine Morgengebete singend zu verrichten. Diese Gebete hatten keine zusammenhängenden Weisen. Es waren mehr Rezitative; aber meinem liebenden Kinderherzen schmeichelten sie sich wie die schönsten Melodien ein. Unter diesen Tönen pflegte ich aufzuwachen und in einer tiefen, religiösen Stimmung bis zum Tagesanbruch zu träumen. Man könnte aber glauben, daß die Lebensweise meinen Vater von uns Kindern entfernte und von ernster Erziehung abhielt. Dem ist jedoch nicht so. Er hatte immer noch Zeit und Lust, den Gemeindeangelegenheiten sein größtes Interesse entgegenzubringen und mit seinen zärtlichen, väterlichen Augen, seinem weisen Worte Sitten und Gehaben der Kinder zu überwachen.

Wohl war unter den neuen Verhältnissen vieles anders geworden, aber unser Betragen, unser gemessenes Selbstbewußtsein aller Welt gegenüber veränderten sich nicht, wenn auch mit dem Verlust des großen Vermögens in der Altstadt, d. h. mit dem Niederreißen unseres Hauses und der Ziegelei der Wohlstand meiner Eltern schwer erschüttert worden war. Viele der kostbaren Sachen verschwanden aus dem Hause, aber die kostbarere Persönlichkeit aller im Hause blieb erhalten. Unser Haus blieb auch jetzt der Sammelpunkt der intelligenten Gesellschaft. Jeder vornehme Gast, der in die Stadt Brest kam, kam zuerst zu uns, wo er sicher war, herzlich willkommen zu sein. —

Unsere Kleidung war unter den gegenwärtigen Umständen einfach, jedoch war keines der Kinder auf die teuren Kostüme der Freundinnen neidisch. Das Leben im Hause floß auch jetzt regelmäßig, gemütlich dahin. Die sechs Wochentage vergingen ohne Sonderheit. Der Freitag jedoch zeigte ein anderes Gesicht, wurden doch schon vor Tagesanbruch in der Küche die Vorbereitungen zum Sabbat getroffen, die herrlichen, großen Strietzeln und mancherlei Kuchen gebacken, wobei ich der Köchin bereitwillig half und dafür das erste Süße zu essen bekam. Ich zählte damals schon 14 Jahre. — Schon früh am Tage standen die Hausgenossen auf. Wir frühstückten warmes Weißbrot mit Butter und Kaffee. Ich schrieb einen Zettel, auf dem alle Besorgungen für den Sabbat, alle Einkäufe auf dem Markte verzeichnet waren, bewaffnete mich mit einem Handkorb und Serviette, und begab mich auf den Marktplatz, wo meine vornehmlichste Aufmerksamkeit der ersten Besorgung, den Fischen, galt, den Fundamenten eines richtigen Sabbats! Auf gute Fische legte mein Vater großen Wert. Ich kaufte den allerfrischesten Hecht, der bei uns Juden in besonderer Gunst steht, machte mich dann an die Obstgestelle und ging raschen Schrittes nach Hause, wo ich meine Mutter, den Sabbatabschnitt lesend, fand. Bei meinem Erscheinen jedoch legte sie die Bibel zur Seite und betrachtete meine Einkäufe. Mein Vater kam auch aus seinem Kabinet, besichtigte den Fisch, blieb meistenteils zufrieden, ermahnte mich, viel Pfeffer beim Kochen zu geben, versprach sich guten Appetit dabei; und nachdem ich den Fisch der Köchin zum Reinigen übergeben, band ich mir eine lange Schürze um, machte mich rasch an die kleine Wäsche der Taschentücher des Vaters, der Kragen und Musselinärmelchen, welche noch bis vor Abend zur Sabbattoilette der Eltern getrocknet und geplättet werden mußten. Dann kam der Fisch an die Reihe. Mein Vater liebte es, der Prozedur zuzuschauen, und schmunzelnd lobte er meine Fertigkeit, kostete von der Sauce, und mahnte nochmals, noch mehr Pfeffer zu zugeben. Nach vielem Probieren und Schmecken wurde der Fisch fertig. Ich legte diesen auf die Schüssel, stellte sie auf einen Topf heißen Wassers, damit die Sauce nicht eintrockne. Noch einmal wurde das Gemüse gekostet, das Fehlende zugegeben, und dann der Köchin der Platz am Herde geräumt. Von da ging ich zum Teetisch, wo ich für die Eltern und meine Geschwister den Tee bereitete und einschenkte. Am Freitag wurde er früher als gewöhnlich eingenommen und in aller Eile getrunken. Hernach ging ich durch alle Zimmer, um die letzte Hand an das Reinigungswerk zu legen, bald eins, bald das andere von den Möbeln zurechtzustellen, den Staub in den Winkeln zu entfernen usw. Unterdessen war die kleine Wäsche getrocknet. Ich machte mich ans Plätten. Hernach verteilte ich an die Eltern und Geschwister die große Wäsche. Alle im Hause machten Sabbattoilette. Die meine bestand im Winter in einem wollenen Kleidchen blauer Farbe, meiner Lieblingsfarbe; im Sommer in einem steif geplätteten Kattunkleidchen. Die Jugend mußte mir Samt und Seide ersetzen.

Meine Eltern begaben sich in den nur für den Sabbat bestimmten Kleidern in die Synagoge, meine Mutter freilich erst, nachdem sie mit einem weißen Tischtuch den Tisch bedeckt, auf den oberen Sitz die zwei Sabbatbrote gelegt, die sie mit eigens dazu hübsch gesticktem Deckchen verhüllte, dann wurden die Kerzen mit einem Segensspruch angezündet, wobei sie der übrigen zwei Gebote für jede jüdische Frau gedachte. Sie dankte in diesem Gebete Gott, daß es ihr bestimmt ist, die Gemächer zum Sabbatfest zu beleuchten. Während sie in der Synagoge war, hatten wir drei Mädchen auch die Pflicht, jede zwei weitere Kerzen am Freitag Abend im Kronleuchter des Eßzimmers anzuzünden. Auch in den übrigen Zimmern wurden die Kerzen in den Wandleuchtern angesteckt. Und bald strahlte das ganze Haus im Kerzenglanze. Wir Mädchen in frischer Sabbattoilette fühlten uns in den geputzten Räumen in jener Stimmung, von der die Chassidim sagen, daß der Himmel für Sabbat die »Neschome Jessaire«, die zweite Seele verleihe. Diese Zeit war die einzige in der Woche, wo wir Mädchen, ohne gestört zu werden, unsere russischen, polnischen, deutschen und jüdischen Lieder mit ganzer, voller Stimme singen konnten. Ein anderes Mal wurde getanzt, wozu sich unsere Nachbarskinder einfanden. Auch das Beten wurde nicht vergessen! Unterdessen deckte der Bediente den Tisch zum Abendessen. Auf Vaters Platz stellte ich den großen, silbernen Becher mit der Karaffe Wein. Wir erwarteten die Eltern von der Synagoge. Der Vater kam, und schon wenn er mit seiner kräftigen Stimme »gut Sabbat« rief, kehrte die ganze Sabbatgemütlichkeit bei uns ein. Er breitete seine Hände aus, und wir Kinder empfingen, die älteren zuerst, den Segen. Des Vaters Gesicht strahlte in glücklicher Sabbatruhe, in seinen lachenden Mienen ruhte der Frieden der Seele. Sorgen und Kummer, von denen er die letzte Zeit so reich geplagt war, waren verjagt, vergessen — von ihm und seinem Hause. Er betete über unser vor Liebe und Verehrung gebeugtes Haupt, während er es oft in seine Hände drückte und streichelte. Zu einem Kuß jedoch und ähnlichen, zärtlichen Äußerungen durfte es nie kommen, da Religiosität und sittliche Anschauungen sie nach damaligem Begriff als Leichtfertigkeiten verpönten.

Nachdem wir alle des Vaters Segen erhalten, wurden vom Vater und den übrigen Herren Verse, die man »Scholem Alechem« — Friede mit euch — nennt, gesungen, mit denen jeder Jude seinen Sabbatfriedensengel empfängt. Darauf folgt der Lobgesang auf die arbeitsame Hausfrau (Psalm 18), die »Esches Chajil«, die Heldenfrau. Der Frau, die aufsteht, wenn es noch Nacht ist, und die Speise für ihren Mann und Kinder und Gesinde bereitet, ihren Handarbeiten und rot gewebten Gürteln gilt das Lob in den Stadttoren. Sie ist eine Krone für ihren Mann. Doch Schönheit und Anmut ist eitel Tand, vergänglich, und nur der gottesfürchtigen Frau gilt alles Lob. Diese Gesänge pflegten die Männer, im Zimmer auf- und abgehend, in einer schönen Weise zu singen. Ich war damals Backfisch und pflegte mich bei diesen Gesängen, da ich sie zur Hälfte verstand, ordentlich stolz zu fühlen, und nahm mir vor, des Lobes selbst würdig zu werden. — Mein Vater machte »Kidusch«, trank zur Hälfte den Inhalt des Bechers und gab ihn der Mutter, die davon nippte, und ihn uns Kindern der Reihe nach reichte. Dann ging es, ohne ein Wort zu sprechen, ans Händewaschen; und ein Gebet beim Abtrocknen wurde gesprochen. Diese Handlung, die trotz der vielen Anwesenden, doch so still verrichtet wurde, reizte uns Kinder oft zu leisem Flüstern, noch öfter zu einem ganz verführerischen Kichern. Aber ein strenger Blick des Vaters verjagte allen Mutwillen. Der Vater sagte ein Gebet über die zwei Brote, die man »Lechem Mischne« nennt, schnitt das eine in zwei Teile, aß davon einen Bissen und sprach, bis er ihn verzehrt hatte, kein Wort. Wir alle am Tisch bekamen auch eine Scheibe. Der Fisch wurde aufgetragen, eine fromme Sabbathymne mit lieblichen Melodien gesungen. Dann folgte die fette, schmackhafte Nudelsuppe; dann ein zweites Lied, bei dem wir Mädchen leise mitsummten. Laut durften wir es nicht tun, da es als eine Sünde für die Männer galt, weibliche Stimmen singen zu hören! Mit einem Gemüse endete die Mahlzeit. Zum Schluß wurde ein Dessert gereicht das aus Äpfeln, gerösteten Nüssen, abgekochten Erbsen bestand. Die Mützen wurden aufs Neue aufgesetzt, Wasser über die Finger gegossen, das »Majim Acharaunim«, d. h. das letzte Wasser genannt wird. Mit der Rezitation des Tischgebetes wurde einer der Herren der Tischgesellschaft beehrt, dem ein Becher mit Wein gefüllt wurde, und alle fielen mit einem Amen an bestimmter Stelle ein. Nach dem Abendbrot blieb man nicht mehr lange beisammen; schon um zehn Uhr lag das ganze Haus in tiefem Schlaf.

Mein Vater, seiner Gewohnheit treu, wachte um 4 Uhr früh auf, da er jedoch des Sabbats wegen, selbst kein Licht anzünden konnte, rief er den Bedienten und befahl, daß er dem christlichen Nachtwächter auftragen solle, Licht ins Haus zu bringen. Der Bediente brachte auch bald »Michalka«, den bewährten Nachtwächter, der die Kerze in Vaters Kabinet und in der Küche für den Bedienten anzündete. Vater sang seine Morgengebete, blätterte ein wenig in dem großen Talmudfolianten, trank seinen Tee, der, gestern zubereitet, auf dem großen Küchenofen im heißen Sand bis zum Morgen heiß geblieben war. (Der Samowar wurde in meinem elterlichen Hause nie am Samstag aufgestellt, auch kein Kaffee oder sonst eine Speise gekocht oder gewärmt.) Und nun begab sich mein Vater, in finsterer Nacht, im Winter des tiefen Schnees, des Frostes nicht achtend, nach dem sogenannten »Chewra-thillim-bethamidrasch«, die ihren Namen herleitet von der Übung, jede Woche alle Psalmen von Anfang bis zu Ende zu sagen. Jeden Tag wurde ein Teil im Chor gesungen, wobei einer von der Gemeinde mit dem ersten Satze im Kapitel anfing und die Gemeinde ihm folgte. Mein Vater gehörte zu diesem Verein, beteiligte sich jedoch an dem Gesange nur am Samstag. Die Mitglieder dieses Vereins bestanden größtenteils aus Handwerkern, denen es die ganze Woche unmöglich ist, sich in früher Morgenstunde diesen seelischen Genuß zu gönnen. Heute aber ist der heilige Sabbatruhetag, der schon von gestern vor Abend begonnen hat. Jeder Jude hat schon um 9 Uhr abends gestern in tiefem Schlaf geruht, ist um 4 Uhr nach Mitternacht physisch und geistig gestärkt erwacht und hat mit Wonne seiner Gemeinde im »bethamidrasch« gedacht, wohin er unverzüglich sich begab, und wo er im hell beleuchteten, gut durchwärmten, geräumigen Bethause seine Kameraden traf. Es ist keine bestimmte Weise zu diesen Psalmen vorgeschrieben, aber ein jeder Jude gibt den Worten der Psalmen, die er ganz versteht und tief empfindet, und in denen er seine eigenen Erlebnisse findet, die passende

Melodie selbst, weil sie ihm aus innerster Seele kommt; und mit diesen individuellen Tönen preist er und singt seinem Schöpfer Hallelujah. So ging es bis Tagesanbruch, wo dann das Morgengebet »Schachariß«, das Mittagsgebet »Musaph« gebetet wurden, und dazwischen der Wochenabschnitt aus der Thora gelesen ward. Gegen 11 Uhr vormittags ging dann jedes Mitglied der Gemeinde in der besten Stimmung nach Hause, nicht zuletzt, weil es wußte, daß seiner schon von gestern her ein schmackhaftes Mittagessen harrte. Jeder ergötzte sich an »Schalet« und »Kugel«, den der Sabbatengel so prächtig abgekocht hat. Dieser Schalet, von dem Heinrich Heine behauptet, daß die Bewohner des Olymp Griechenlands nur deswegen Ambrosia speisten, derweil sie von Schalet nichts wüßten! — Wir Kinder waren schon in vollem Sabbatputz. Der Vater segnete uns und machte Kidusch über einen Becher Wein. Wir mußten auch davon nippen. Darauf wurde mit Honigkuchen und Konfitüren in Honig und Zucker »angebissen«.

Unterdessen trug der Bediente gesalzene, kalte Fische auf, hartgekochte Eier mit Zwiebelsalat, Gänseleber, Gänsefett, Rettig, Kalbsfüße mit Eiern und Knoblauch; die bitteren, pikanten Kräuter, an denen sich unsere Vorfahren schon in der Wüste erlabten, ergötzen noch bis heute die Nachkommen Jacobs. Nachdem die Tischgesellschaft den ersten Hunger gestillt hatte, wurde der Schalet aufgetragen. Er schmeckte vortrefflich! Obwohl die Speisen mehr als 20 Stunden im Ofen gestanden hatten, bekamen sie jedem gut. Die damaligen, jüdischen Magen waren gut. Je fetter der »Kugel«, das Symbol des Sabbatmittagmahles war, um so schmackhafter erschien er den Tischgenossen und er fand Gnade! Auch heute wurden fromme Lieder, Hymnen auf die Sabbatruhe, mit munteren Weisen im Chor gesungen. Am Sabbat nach Tisch zu schlafen, ist eine »Mitzwa« und — wir waren fromm! Nur wir Kinder konnten uns jetzt austoben, im Eßzimmer während des Winters, auf Wiese, Berg und Tal im Sommer.

Am Spätnachmittag gingen die Männer wieder ins Bethaus zum Vorabendgebet. Es war in der Dämmerung. Daheim mußte dann die dritte Sabbatmahlzeit gegessen werden. Auch die Kinder hatten nach ihrem Umhertollen Wolfsappetit. Bei dieser »Schalssude« im Halbdunkel vor Abend mußten Fisch und Fleisch nach Vorschrift gegessen werden. Auch jetzt wurden schöne Hymnen gesungen und dann das Tischgebet verrichtet. Darauf ging alles wieder in die Synagoge zum Abendgebet, und es war schon dunkel, als die Männer zurückkehrten. Alsdann betete mein Vater bei einem Becher Wein »Awdole«.

Dann wurden weiter wohlklingende »Smiraus« gesungen d. h. Verse, die sich auf die kommende Woche (Werkeltage), auf Sonne, Mond und Sterne beziehen. — Der Abend war noch ein halber Feierabend, an dem nichts gearbeitet wurde. Gegen 11 Uhr wurde aufs neue eine Mahlzeit eingenommen, die sich »reb Chidkes Ssude« — Melawe Malke — Abschiedsgebet für die Königin Sabbat nannte. Für dieses Mahl wurde ein »Borscht«, eine aus Geflügel und roten Rüben bestehende Brühe, gekocht, die erst um 11 Uhr fertig wurde, da man Feuer erst dann anmachen durfte, wenn es vollständig Nacht war. Alle, selbst wir kleinen Kinder, mußten zu dieser späten Mahlzeit zu Tisch kommen. Mit dieser späten Mahlzeit endete erst die Sabbatfeier.

III.
Evas Hochzeit.

Ich war 15 Jahre alt, als meine zwei Jahre ältere Schwester
verlobt w u r d e. Ja, sie w u r d e verlobt und nicht (wie es
jetzt bei den Mädchen heißt) sie haben sich verlobt. Unsere
Eltern und die des Bräutigams unterhandelten durch den
Heiratsvermittler »schadchen« miteinander und besprachen,
wieviel Mitgift, Kleider und Schmuck von beiden Teilen der
Heiratspartei gegeben werden solle. Meine Schwester bekam
ihren Bräutigam, ihren Lebensgefährten, vorerst überhaupt
nicht zu Gesicht und konnte sich nicht überzeugen, ob sie
ihn lieben könnte, und ob er ihrem Geschmack und den
Idealen entspräche, die sich ein Mädchen von ihrem
Zukünftigen heimlich bildet. Unsere Eltern teilten ihr nur
mit, daß ein gewisser Herr F. aus der Stadt S. um sie werbe.
Und da er aus gutem Hause, reich, nicht häßlich, und schon
ein selbständiger Kaufmann (zwar schon einmal geschieden)
wäre, fanden unsere Eltern diese Partie zweckmäßig und
gaben ihre Zustimmung. Nun sollte es auch meine
Schwester tun. Weit entfernt, den mindesten Zweifel in die
Worte der Eltern zu setzen, machte meine Schwester
keinerlei Einwendungen. Mit dem, was die Eltern
bestimmten, war man eben einverstanden! Daß sie mit der
Wahl zufrieden war, war selbstverständlich; war es doch
üblich, in dieser Form die Töchter zu verheiraten und — sie
waren in der Ehe glücklich. Die Mädchen von anno damals
wußten, daß der Mann, den ihnen die E l t e r n bestimmten,
von G o tt bestimmt war. Gott wollte, daß er ihr
Lebensgefährte wurde, und so fügte man sich vom ersten
Augenblick in alle Schicksale des Ehelebens mit Geduld und
Ergebung, richtete danach Sinn und Tun ein. So wurde die
damalige Ehe von Frau und Mann als ein h e i l i g es Band
betrachtet, das nur der Tod trennen kann, und nicht wie

jetzt, wo die Ehe lediglich auf dem guten Willen der Ehegatten basiert ist. Bei einer auf die alte Weise geschlossenen Ehe kamen selten Zwist oder Uneinigkeit unter den Gatten vor; meistenteils haben sie ein glückliches, zufriedenes Leben bis zum hohen Alter geführt, und ein solches war auch meiner Schwester vom lieben Gott beschieden.

Meine Schwester wurde also Braut, bekam von ihrem Bräutigam hübsche Brillanten zum Geschenk geschickt und sehr oft Briefe, auf die sie sofort antwortete. Der Briefwechsel war zwar nicht ohne gewisse innere Anteilnahme, Anhänglichkeit und Liebe, aber durchaus nicht schwärmerisch. Immerhin kam doch darin zum Ausdruck, daß man sich nacheinander sehnte und mit Herzenslust einen Brief erwartete und empfing.

So vergingen fünf Monate. Eines Morgens, da meine Mutter mit uns allen beim Frühstückstisch saß, sagte sie zu meiner Schwester: »Ich hoffe, daß deine Hochzeit nach drei Monaten stattfinden wird.« Meine Schwester wurde bei den Worten der Mutter blaß. Die Mutter fing an, sie mit einschmeichelnden Worten zu beruhigen. Mit lächelnden Mienen, aber doch ganz ernst, sagte sie: »Es ist schon Zeit, du bist bereits achtzehn Jahr!« Meine Schwester aber antwortete nichts, stand rasch vom Stuhl auf, ging in ihr Zimmer, wo sie heftig zu schluchzen anfing. Welche Gefühle ihr diesen Tränenstrom erpreßt haben, konnte man wohl erraten. Unsere Mutter legte jedenfalls weiter kein Gewicht darauf. Meine Schwester selbst konnte sich über ihre Tränen wohl keine Rechenschaft geben. Vielleicht hat verletzter Stolz sie erpreßt; sie kannte nicht einmal ihren Bräutigam persönlich und sollte ihn erst zur Hochzeit zu sehen bekommen.

Nun fingen die Vorbereitungen zur Hochzeit an. Zuerst Garderobe! Es wurden von den Geschäften Stoffe, Zeuge, Leinwand usw. gebracht. Meine Schwester aber kümmerte sich scheinbar nur wenig darum. Sie wurde nachdenklich, still, und ging in sich gekehrt herum. Meine Mutter und die älteren Schwestern bestellten die Näharbeit. Die Braut aber schrieb jetzt öfter an ihren Bräutigam, wohl um ihre erschütterte Ruhe wiederzufinden. Die Antworten waren sehr liebenswürdig.

Unsere Eltern und die des Bräutigams setzten bei der Verlobung als den Tag der Hochzeit einen Donnerstag im Septembermonat des Jahres 1848 fest. (Es war ein Rausch Chaudesch.) Ich sollte schon ein langes Kleid zu dieser Hochzeit bekommen — als älteres Mädchen im Hause, folglich auch Kandidatin der Ehe. Die Wirtschaft und Vorbereitung zur Hochzeit nahm mich sehr in Anspruch. Tagelang hatte ich in der Küche mit Backen, Braten, Kochen zu tun. Aber ich liebte diese Beschäftigung, während meine Schwester das Lesen und Nähen vorzog. Meine älteren Schwestern besorgten den Hausrat und die Kleidungsstücke für die Braut. Sie bekam ein hell-lila Seidenkleid, mit weißen Blendenspitzen besetzt, zum Brautkleid, einen Myrtenkranz und langen Schleier dazu. (Der Anzug war im Vergleich mit den damaligen Sitten auffällig modern!) Sonnabend vor dem festgesetzten Termin war Polterabend, damals nannte man ihn »smires«. Alle Freundinnen und Bekannten kamen, und wir waren lustig und tanzten uns müde, da wir Mädchen auch die Kavaliere vorstellen mußten. Mit einem Mann zu tanzen, verbot unsere religiöse Erziehung. Vater und die bekannten Herren sahen zu und ergötzten sich an dem schönen Anblick des Solotanzes der russischen »Kasatzke«, der so reich ist an künstlerischen Tanzfiguren, an graziösen Bewegungen und Schwenkungen. Bald war die im raschen Tempo getanzte Galoppade an der Reihe, die zu zweien in der Runde des Salons getanzt und wobei in jeder der vier Zimmerecken für einen Moment Halt gemacht wurde. Dazwischen kam auch das lustige Tänzel Bègele, eine Art Rundtanz, dann »chosidl«, zu dem eine höchst muntere

Weise mit Fanfarenmusik und Tamburin gespielt wurde. Endlich wurde auch der Contredanse gar zierlich-manierlich getanzt. Der Walzer aber war nicht sonderlich beliebt.

Die Tage von Sonnabend bis Donnerstag waren unruhig und reich an Arbeit. Aber an jedem Abend dieser Tage kam die Musik, um der Braut einen »guten Abend« aufzuspielen, einen »dobri weczer« und an jedem Morgen hörten wir ein »Guten-Morgen-Ständchen«, »dobri dsen«, wobei wir Mädchen ein lustiges Tänzchen machten. Es herrschte ganz die patriarchalische Sitte, die fordert, daß die jüdische Hochzeit vier Wochen dauern soll. Meine Schwester hoffte, daß ihr Bräutigam wenigstens zwei Tage vor der Hochzeit kommen würde und war in den letzten Tagen munterer geworden. Als jedoch schon der Mittwoch der letzten Woche nahte, und ihre Hoffnung sich nicht erfüllte, wurde sie verstimmt und weinte im Geheimen oft, und ihr ganzes Wesen sprach von Ungeduld. Die Vorbereitungen zur Hochzeit nahmen ihren Fortgang, und der festgesetzte Hochzeitstag, ein Donnerstag, ließ sich mit prächtigem Wetter und Sonnenschein an — ohne jedoch den Bräutigam in unsere Stadt zu führen.

Doch kaum war es 11 Uhr geworden, als eine Estafette die ungeduldig erwartete, frohe Nachricht brachte, daß der Bräutigam und seine Begleitung auf der letzten Poststation angelangt seien und weiterreisten. Eilig kleideten wir uns an; das Frühstück wurde bereitet. Ich mußte helfen und wurde darum nur zur Hälfte mit der Festtoilette fertig. Die Braut aber wollte sich nicht eher ankleiden, bis sie erst ihren Bräutigam gesprochen hätte — ein Verlangen, das uns heute nur recht und billig klingt. Allein ein strenger Blick unserer Mutter und ein Wort der Schwestern waren hinreichend, diese Forderung aufzugeben. Bald erschien die Schwester bräutlich gekleidet; in den Spiegel freilich hatte sie kaum geschaut! Ihre Seufzer ließen den Sturm ihrer Gefühle ahnen! Es lag in der Wucht der Sitten jener Zeit, daß sie ruhiger wurde und sich damit abfand, erst im Trauungskleide zum ersten Male ihren Lebensgefährten zu Gesicht zu bekommen.

Es war 12 Uhr geworden. Die Einladungen zur Trauung an die Freunde und Bekannten waren in der Frühe desselben Tages verschickt worden, und einige Gäste fanden sich schon ein. Musik erklang und unsere Eltern traten mit ernsten Gesichtern, bewegten Herzens und tränenvollen Augen in den Hochzeitssaal, in ihrer Mitte die jugendliche, hübsch geschmückte, erregte Braut am Arm haltend. Meine Schwester war keine ausgesprochene Schönheit, aber ihre hohe Statur, ihr stolzes, hochragendes Haupt, die hohe Stirn und klugen Augen ließen auf ihren Verstand schließen. Der Ernst dieser Stunde war bei ihr, wie es schien, von einem romantischen Glanz umleuchtet und goß über ihre strengen Gesichtszüge die milde Hingebung und Ergebung, die wir in der letzten Zeit bei ihr vermißten. — Mein Vater hatte inzwischen den Bräutigam in seinem Logis begrüßt, und er konnte meine Schwester mit Überzeugung versichern, daß der junge Mann ein liebenswürdiger Mensch sei. Unter den Klängen einer zu Tränen rührenden Musik, wie es bei ähnlichen Gelegenheiten üblich und passend ist, führten unsere Eltern die Braut bis in die Mitte des Hochzeitssaales, wo auf einem Teppich ein Armstuhl mit einer Fußbank stand, und mit tränenerfüllten Augen ließen sie die Braut aus ihren Armen darauf nieder. Sie blieb nachdenkend, in sich gekehrt, sitzen. Bange Erwartung, freudige Erregung, der Gedanke, sich fürs ganze Leben zu fesseln, durchtobten sie..... Ach! Ein Frauenleben!... Wieviel sagt doch dieses eine Wort ... Der Vater entfernte sich, die Mutter aber und wir alle, reich geschmückt, blieben in ihrer Nähe. Es dauerte auch nur kurze Zeit, als wir aus dem Vorzimmer den Bedienten melden hörten, daß der Bräutigam vorgefahren sei. Meine Mutter erhob sich und warf einen unruhigen, aber von mütterlichem Stolz erfüllten Blick auf die Braut, die blaß und starr vor sich hinsah. Sie sprach ihr nochmals mit zärtlichen Worten Mut zu und begab sich dann in den zweiten Salon, um die willkommenen Gäste zu empfangen. Der Vater trat ihnen schon im Vorzimmer entgegen, umarmte und küßte den Bräutigam und führte ihn ins zweite Zimmer zur Mutter, die nach damaliger Sitte weder durch einen Händedruck noch durch einen Kuß ihre Freude oder Zufriedenheit äußern durfte. Aber ihre Augen und ihre hastigen Worte sagten, daß sie zufrieden war. Der Bräutigam schien der zärtlichen Umarmung des Vaters und der freundlichen Worten der Mutter nur wenig zu achten; seine Augen suchten gierig und gespannt die, nach der sein Herz sich sehnte. Er sah über alle, die neben ihm standen, hinweg in den zweiten Salon, von wo ihm der Stern seines künftigen Lebens entgegenleuchtete. Die Festgenossen, geleitet von unserm Vater, gingen nun in das Hochzeitzimmer. Meine Schwester hatte sich von ihrem Stuhl erhoben und stand in ihrer ganzen Würde dem Bräutigam gegenüber, das Auge beharrlich auf ihn gerichtet, vor dessen Blick er die seinigen, wie ich denke, senken mußte, da sein Charakter nachgiebig, mild und friedfertig war und der ihrige zwar nur wenig Sentimentalität besaß, aber kernig gesund, kalt, hell wie der Wintertag war. Auch zwischen Braut und Bräutigam durfte selbst bei dieser feierlichen Gelegenheit kein Händedruck gewechselt werden. Ihre ganze Erscheinung jedoch wirkte auf ihn elektrisierend; er konnte sich kaum fassen und murmelte einige unverständliche Worte, worauf meine Schwester eine maßvolle Antwort gab. Es wurde dem Brautpaar gestattet, sich ins zweite Zimmer zu begeben, zunächst in Begleitung der beiderseitigen Eltern, die sich übrigens bald entfernten, damit die jungen Leute endlich o h n e Z e u g e n miteinander sprechen könnten. Wenn das Dictum: »Gekommen, gesehen, gesiegt« irgendwo berechtigt ist, so hier! Es verging kaum eine halbe Stunde, da traten die jungen Leute freudestrahlend in den Hochzeitssaal zurück.

Man beeilte sich zu frühstücken; es geschah in großer Gesellschaft und in sehr munterer Weise. Schon sammelte sich die Menge der geladenen Gäste; und da es im späten Herbst war und der Tag kurz, so mußte man eilen. Unterdessen war es drei Uhr geworden. Im Hochzeitssaal wurde getanzt, und die Braut auch in den Wirbel hineingezogen, was nach den damaligen Begriffen ganz in der Ordnung war. Der Bräutigam bat sich die Erlaubnis aus, im Tanzsaal zu bleiben; es wurde erlaubt, aber nicht für lange! Unsere Mutter zeigte sich bei ähnlichen Gelegenheiten viel milder als der Vater. Sie setzte sich in einen Winkel des Hochzeitssaales und bat ihren künftigen Schwiegersohn, neben ihr Platz zu nehmen.

Eine Stunde mochte in Tanz und Lust vergangen sein, da mahnte meine Mutter den Bräutigam, daß es Zeit sei, zu gehen. Er tat es mit einer sehr langen Verbeugung und einem Lächeln gegen die Braut. Und nun fing die Zeremonie des sogenannten Besetzens und Bedeckens an, die darin besteht, daß man Brautkranz und Schleier vom Kopfe der Braut herunternahm, und die Frauen und die Freundinnen die Haare der Braut, die eigens heute zu kleinen Zöpfchen geflochten waren, auflösten und über Hals und Nacken breiteten, wobei die Musik nur stille Töne anschlägt. Die noch vor einer kleinen Weile so lustig tanzende Hochzeitsgesellschaft wurde still. Eine traurige Stimmung umhüllte alle. Der Batchen oder Marschalik — wie man diese Kasualienredner damals nannte — erinnerte die Braut, daß der heutige Tag für sie einen Lebensabschnitt markiere; sie trete in ein neues Stadium und dieser Tag solle ihr heilig wie der Versöhnungstag sein. Sie sollte Gott anflehen, ihr die Sünden zu vergeben. Der damalige Jude glaubte, daß die Eltern die Sünden eines jeden Kindes bis zu seiner Vermählung vor Gott zu verantworten haben. Nach der

Hochzeit ist aber jedes Kind selbst für sich verantwortlich. Bei meiner Schwester bedurfte es keiner Ermahnung! Ihre Tränen flossen reichlich und innig. Nach dieser Rede kam, in Begleitung der Eltern und Gäste, geführt von dem Ortsrabbiner, der Bräutigam in den Hochzeitssaal, nahm von der vorbereiteten, mit Hopfen und Blumen gefüllten Platte den Schleier, und auf die Aufforderung des Rabbiners bedeckte er damit das Haupt der tiefbewegten Braut. Bei dieser Handlung bestreuten ihn alle Umstehenden mit Hopfen und Blumen, und unter lauten Glückwünschen, Umarmungen und munterer Musik verging noch eine gute halbe Stunde, in welcher man die Braut von der schweren Brauttoilette befreite, ihr ein leichtes, lichtes Kleid anlegte, eine leichte Mantille überwarf und den Schleier auf dem Kopf zurechtlegte und befestigte. Nun ging es in die Synagoge, jedoch nicht wie jetzt in Equipagen, sondern zu Fuß durch die oft sehr schmutzigen Gassen. — Die Trauung wird von den Juden als öffentlicher Akt betrachtet und muß daher unter freiem Himmel vollzogen werden. Das Volk soll Braut und Bräutigam sehen können, vielleicht weiß jemand, daß einer der Brautleute schon verheiratet ist!

Der Bräutigam wurde bald nach dem »Bedecken« mit Musik — ein Marsch wurde gespielt — vor die Synagoge geführt, wo er unter den dort aufgestellten Baldachin gestellt wurde. Und die Musikanten begleiteten nun auch die Braut unter die »Chuppe« mit demselben Marsch. Die Braut wurde von den »Unterführerinnen« (Brautschwestern) an die linke Seite des Bräutigams gestellt; die Musik schwieg. Die Zeremonie der Einweihung des Brautpaares begann. Der »Schammes« (Synagogendiener) füllte ein Glas mit Wein, über den den Segen zu sprechen, ein geachteter Mann beehrt wurde. Bei einem bestimmten Satze hielt er inne. Der Synagogendiener übergab dem Bräutigam den Trauring, den dieser in die Höhe hielt, und mit den gesetzlichen Worten in bestimmtem Rhythmus: »Hare ad mekudesches li betabas sukedas Mausche w' Isroel« steckte er den Ring auf den Zeigefinger der rechten Hand der Braut. Dann rezitierte der den Wein segnende Mann die sogenannten »schiwo broches« — die 7 Segenssprüche — auf die schönsten Tugenden und edelsten Regungen des Menschenherzens, wie Liebe, Freundschaft, Treue, Bruderschaft des Ehepaares. Dann wurde die »ksube« (Heiratsurkunde) vorgelesen. Diese lautete wie folgt: »Dieser Herr N. heiratet dieses Frauenzimmer N. Er verpflichtet sich, ihr Mann zu sein, sie zu ernähren, standesgemäß zu kleiden und sie zu beschützen. Sie bekommt von dem Herrn N. dreißig Goldmünzen.« Die »ksube« wird der Braut hier unter der »chuppe« überreicht. Nachdem das Gebet über den Wein zu Ende gesprochen war, mußten Bräutigam und Braut aus dem Glase trinken. Das Glas aber legte man auf die Erde, und der Bräutigam mußte es mit dem Fuße zerstampfen! Die Hochzeitgesellschaft rief »Masel tow« (Gut Glück), und das Brautpaar trat Arm in Arm den Heimweg an, von der rauschenden, betäubenden Fanfarenmusik und dem gesamten Publikum begleitet, wobei besonders die älteren Weiber einen Reigen dicht vor dem Brautpaar tanzten, denn als größte »Mizwe« (d. h. gottgefällige Tat) galt: »M'ssameach chosen wekalo« (d. h. Braut und Bräutigam belustigen!). Sie tanzten bis zu unserem Hause. Dort schwieg die Musik und nun galt es, zu sehen und zum Teil zu bewirken, daß die Braut zuerst über die Schwelle trete. Ein alter Aberglauben lehrte nämlich, daß, wer von dem Ehepaare zuerst über die Schwelle tritt, durchs ganze Leben die Oberhand im Eheleben behalten würde. Sämtliche Frauen nahmen ihren Schmuck ab und legten ihn hier auf die Schwelle; darüber sollte das neuvermählte Ehepaar schreiten. Hier bei uns vollzogen sich alle diese Bräuche in gemütlicher Ordnung, während es bei dem einfachen Volk bei dieser Gelegenheit sehr oft zu einem Handgemenge kam, in dem bald die Verwandten der Braut ihrem Schützling den

Vortritt zu erkämpfen suchten, während ihrerseits die Verwandten des Bräutigams dasselbe Manöver übten.

Man denke sich diesen ganzen »Chuppegang« (Trauungszug) mit allen oben geschilderten Szenen bei Regenwetter unter freiem Himmel, wo wenige von den Tanzenden Schirme besaßen. Da gab es schlumpige Weiberröcke und Pantoffeln, und die arme Braut mußte laut die bittersten Vorwürfe hören, da sie, wenn es zu ihrer »chuppe« regnete, wohl naschhaft gewesen sein und aus den Kasserollen geleckt haben mußte. —

In großem Gedränge kamen die Brautleute zu Hause an, wo das junge Paar in sein Zimmer geführt wurde und bei Tee, Bouillon und Leckerbissen sich von den Strapazen des Chuppeganges erholte. Es war auch hohe Zeit! Denn das Brautpaar fastete bis nach der Trauung. Man nannte die erste Bouillon, die man dem Brautpaar gab, die »goldene Suppe«. Nur die intimeren Freundinnen und die Brautschwestern wurden in das Zimmer der Brautleute hineingelassen. Die übrigen Gäste verabschiedeten sich, um sich zwei Stunden später zum Abendbrot, das sich »chuppewetschere« nannte, einzufinden. Bei diesem Mahle führte die Gesellschaft allerlei leichtsinnige Gespräche, die nicht der Frivolität entbehrten. Nach der luxuriösen Mahlzeit, die mit einer grossen Zecherei endete, blieb die Gesellschaft noch bei Tisch sitzen. Es war Brauch, dass der Bräutigam das Mahl durch eine talmudische Rede (Drosche) würzen musste. Nun wurden die »Droschegeschenke«, d. h. Hochzeitsgeschenke, von den Verwandten, Eltern und Freunden den Neuvermählten dargebracht. — Der »batchen« trat wieder in Aktion. Aber er zeigte sich jetzt von einer gemütlicheren Seite. Er mußte das Publikum mit allen möglichen Possen und improvisierten Anekdoten in Versen unterhalten, auf jeden Gast, je nach der Spende, ein launiges »Wörtchen« sagen, und endlich auch dem Brautpaar Scherze, aber auch bittere Wahrheiten in humoristischer Form erzählen. Unter diesen Batchonim gab es oft geniale Leute. Einer, Sender (Alexander) Fiedelmann, hat eine köstliche Sammlung seiner launigen Verse hinterlassen. Fiedelmann hat in Minsk »gewirkt«, während in Wilna ein gewisser Motche Chabad und Elijokum Batchen beliebt waren.

Der »batchen« stellte sich auf einen Stuhl und rief mit lauter Stimme, das ihm eingehändigte Hochzeitsgeschenk in die Höhe haltend, den Namen des Gebers und pries mit vielen Übertreibungen den Wert und die besonderen Qualitäten des Geschenkes. Seine »Chochmes« brachte er in singenden Rezitativen vor, wobei die angeheiterte Tischgesellschaft herzlich lachte. Diese Possen dauerten bis spät in der Nacht. Das Tischgebet wurde gesagt, das mit den »schiwo broches« über einem Becher Wein endigte, von dem man dem Brautpaar zu nippen gab. Dann kam der sogenannte Koschertanz an die Reihe. Die Braut unter ihrem Schleier setzte man in die Mitte der Brautschwestern, von denen eine ein seidenes, viereckiges Taschentuch in der Hand hatte. Der »batchen« forderte einen der Herren auf, mit der Braut zu tanzen, wobei die Brautschwester einen Zipfel des Tuches der Braut in die Hand gab und den zweiten Zipfel dem Tänzer reichte. Auf diese Weise machten sie zweimal die Runde und der Batchen rief: »Schon getanzt!« und die Braut setzte sich wieder zwischen die Brautschwestern. Auf solche Weise tanzte die Braut mit allen anwesenden Herren. Das dauerte bis spät nach Mitternacht. Die arme Braut aber durfte den Schleier nicht lüpfen.... Endlich, vor Tagesanbruch, mahnte die große Müdigkeit zur Ruhe. Ein jeder suchte sich irgend ein Plätzchen und nickte selig ein. Am nächsten Morgen wurde es spät Tag. Die Braut blieb in ihrem Zimmer, bis meine Mutter und die älteren Schwestern in Begleitung einer einfachen Frau, der sogenannten »Gollerke«, kamen. Diese Frau war mit einer großen Schere bewaffnet und nahm auf der Mutter Geheiß dreist den armen Kopf meiner Schwester in Besitz, lehnte ihn gegen ihre Brust, und unter ihrer mörderischen Schere fiel bald eine Strähne des schönen Haares nach der andern vom Kopf meiner Schwester — wie das Gesetz es befiehlt! Nach kaum 10 Minuten war das Lamm geschoren. Man ließ ihr nur ein wenig Haar über der Stirn, um es besser nach hinten streichen zu können. Denn es durfte keine Spur von ihrem eigenen Haar zum Vorschein kommen. Dann bekam sie eine glatt anliegende seidene Haube, an der sich vorn ein breites, seidenes Stirnband in der Farbe des Haares befand, wodurch nach damaligen Begriffen das Haar sehr gut imitiert wurde. In den frommen jüdischen Häusern, wie dem meiner Eltern, hat man die altjüdischen Bräuche, die mit der Zeit als Gesetz betrachtet wurden, möglichst streng beobachtet. Der Braut wurde ein hübsches, kokettes Häubchen aufgesetzt, wenn auch darunter das jugendliche Gesicht bedeutend älter erschien. Man führte sie in den Salon, wo bereits alle Herren des Hauses und viele Gäste versammelt waren. Die Brautschwestern bedeckten ihr Gesicht mit einem weißen, seidenen Tuch, und wer ihr Gesicht zum ersten Male unter der Haube sehen wollte, mußte ein Almosen für die Armen geben; auch der Bräutigam und die beiderseitigen Eltern mußten es tun. Da gab es verschiedene Meinungen über ihr verändertes Aussehen, und bald war ein gemütlicher Streit im Gange. —

Meine Schwester blieb auf Kosten der Eltern mit ihrem Manne bei uns wohnen. Seine Eltern reisten, nachdem sie ihr viele hübsche Präsente zurückgelassen hatten, nach ihrer Heimatsstadt Saßlaw zurück.

Und ein junges Paar lebte das alte Leben....

Nur noch diese Schwester wurde in der hier geschilderten Weise verlobt und verheiratet. Schon meine Verlobung, zwei Jahre später hatte ein wesentlich verschiedenes Gepräge, hatte doch die Reform unter der Regierung Nicolaus I. die jüdische Lebensweise stark beeinflußt.

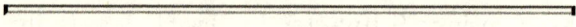

Die Veränderung der Tracht.

Es will mir scheinen, daß es kein Zufall sein kann, wenn heute das Wort »Tracht« fast ganz aus dem Wortschatze verschwunden ist. Es ist eigentlich nur noch in der Schriftsprache üblich. In der Umgangssprache ist es kaum noch zu hören. Es hat dem Worte »Mode« weichen müssen. Darin scheint mir aber mehr zu liegen als ein nur rein äußerlicher Ersatz des einen Wortes durch ein anderes. Es liegt Psychologie, Zeitpsychologie in diesem Wandel. Sollte es wirklich nur ein Zufall sein, daß das Wort »Mode« zumeist in einem ganz prägnanten Sinne gebraucht wird? Bezeichnet es ursprünglich nur, daß irgendein Etwas — ein Kleidungsstück, ein Buch, ein Kunstwerk zu einer bestimmten Zeit besonders beliebt ist, so hat es jetzt seinen Hauptsinn in der Vorherrschaft einer besonderen Kleidung! Die Frühjahrsmode schlechtweg bezeichnet die neue Form, die die Kleidung im Frühjahr hat. Und wenn wieder »eine neue Mode herauskommt«, so denkt man lediglich an eine neue Tracht. Mit dem Begriff Mode ist uns wie durch eine feste Ideenverbindung der Begriff des schnellen Wechsels verknüpft. Was modern ist, will nur den Erfolg eines Tages haben. Mode und Tracht stehen zueinander wie hastige Abwechslung und Dauer.

In einem Punkte freilich finden die Begriffe »Mode und Tracht« eine gewisse Einigung! Sie haben beide einen imperatorischen Charakter. Sie zwingen unter ein Joch. Und wenn auch dem einzelnen Menschen ein Spielraum für die Betätigung seines individuellen Geschmacks bleibt, so fordert das Gesetz der Tracht doch Einheitlichkeit und Uniformiertheit.

In früheren Zeiten hatte die Tracht freilich auch die Aufgabe, bestimmte Gruppen von Menschen voneinander zu differenzieren. Die Pariser Mode hatte noch nicht alle feineren und gröberen Nuancen verwischt. Jeder Volksstamm, jede scharf abgesonderte Klasse von Menschen hatte ihre eigene Tracht; man wollte nicht in den großen Menschheitsbrei untertauchen, sondern sofort erkannt werden als das, was man ist. So bekam die Tracht den Charakter des Zähen, Stabilen, Traditionellen, und die Gloriole der Ehrwürdigkeit umleuchtete sie.

Nur so kann man verstehen, wie der im Jahre 1845 veröffentlichte Ukas der russischen Regierung auf die russischen Juden wirkte, welcher die Juden zwang, ihre alte Tracht abzulegen und sich der modernen zu fügen.

Die Wirkung auf die große Masse war so furchtbar wie die einer Katastrophe. Eine wilde Erbitterung war die Folge. Und nur das Gefühl der eigenen Ohnmacht, der Wehrlosigkeit, die Golusangst ließ diese Erbitterung nicht zu rasender Wut sich steigern. Wären die Juden damals stark, organisiert, mächtig gewesen, so hätte die Veränderung der Tracht zu Aufständen und Revolutionen geführt. So aber blieb es bei schmerzhafter Resignation. Man trauerte um die eigene Tracht wie um einen lieben Toten. Und tiefer blickende Geister begriffen bald, daß die Anpassung an die modische Kleidung nur der erste Schritt sei auf dem Wege tiefer greifender Assimilationen, die nicht nur die Lebenshaltung, sondern auch Kulturanschauungen und die überlieferten Lehren einer spezifischen Religion, Sitte, Gewohnheit und der Bräuche des jüdischen Volksstammes würden ummodeln müssen. Der Ukas wurde als »Gesere« bezeichnet; nicht als eine von den vielen Geseraus, die das jüdische Volk überfielen, sondern als die »Gesere« schlechtweg. Viele waren der Ansicht, daß das jüdische Gesetz — Jehorek wéal ja'wor (man muß sich opfern) — unter diesen Umständen erfüllt werden müsse. Allein die russische Regierung kümmerte sich wenig um jüdische Gesetze, um die erregten Debatten in den

Gemeinden, um die Trauer und das Wehklagen der Frommen, sondern setzte kurzerhand eine Frist fest, nach deren Ablauf alle Juden in Rußland, Männer und Frauen, sich nur in europäisch-russischer Tracht durften sehen lassen. Und diese Frist war natürlich sehr kurz bemessen. So mußte denn die jüdische Bevölkerung von ihrer liebgewordenen Tracht lassen. Und wer wie ich den hastigen Wandel der Moden durch viele Jahrzehnte miterlebt hat, und wie ich oft hat erkennen müssen, daß die Tyrannin Mode nicht immer gerade die Ästhetik als Genossin hat, der muß gestehen, daß das Opfer der alten Tracht in manchem Belange die Aufgabe einer nicht nur hygienischen, sondern auch recht kleidsamen Tracht war.

Die Männer trugen ein weißes Hemd, dessen Ärmel durch Bändchen geschlossen wurden. Am Halse lief das Hemd in eine Art Umlegekragen aus, der aber nicht gesteift und gestärkt wurde. Auch am Halse war das Hemd durch weiße Bändchen geschlossen und es wurde in der Art der Schleifenbindung besondere Sorgfalt aufgewandt, wie auch ein gewisser Luxus bei der Auswahl des Stoffes für diese Krawatten ähnlichen Bändchen entfaltet wurde. Selbst ältere Herren aus vornehmen Häusern ließen eine leise Koketterie bei dem Schlingen dieser Schleifen häufig erkennen. Erst später kamen breite, schwarze Halstücher auf. Aber in den Familien, die Gewicht auf die Tradition legten, waren diese Binden verfehmt, und daß sie als »goijisch« bezeichnet wurden, zeigt schon die starke Empfindlichkeit an, mit der selbst so kleine und doch eigentlich recht harmlose Abweichungen von der üblichen Tracht aufgenommen wurden.

Die Beinkleider reichten nur bis zum Knie und waren gleichfalls durch Bänder unten verschnürt. Die Strümpfe waren von weißer Farbe und ziemlich lang. Den Fuß bekleideten niedrige Lederschuhe, die aber keine Absätze hatten. Die Stelle des Rockes vertrat der lange Chalat — der aus kostbaren Wollstoffen bestand. Die niedere Klasse trug an Werktagen Kleider aus Demi-cotton, an Festtagen aus Rissel — einem billigen Wollstoff — , während sich die Armen im Sommer mit Nanking, einem Baumwollstoff mit schmalen, dunkelblauen Streifen, im Winter mit grauem, dickem Tuch bekleideten. Dieser Chalat war sehr lang und reichte fast bis auf die Erde. Allein der Anzug wäre nur unvollständig gewesen, wenn nicht über die Hüften ein Gürtel herumgeschlungen wäre. Auf diesen Gürtel wurde besondere Sorgfalt verwandt; galt er doch für die Erfüllung eines religionsgesetzlichen Gebotes. Er sollte sinnfällig den reinen Oberkörper von dem mehr unreinliche Funktionen ausübenden Unterkörper scheiden. Besonders am Sabbath und an den Feiertagen wurde mit dem Gürtel ein besonderer Luxus getrieben. Selbst Männer niedrigen Standes pflegten zur Weihe der Feste einen seidenen Gürtel zu wählen.

Die Kopfbedeckung der Armen war an Wochentagen eine Mütze, die an beiden Seiten Klappen hatte, die meistens aufgeschlagen waren, im Winter aber über die Ohren heruntergezogen werden konnten. An der Stirnpartie hatten diese Mützen ebenso wie an den Seitenflächen dreieckige Pelzflecke. Diese Mütze nannte man »Lappenmütze«. Ich weiß nicht, woher dieser Name stammt; vielleicht gaben die Ohrenklappen diese Bezeichnung, vielleicht aber hat auch die Ähnlichkeit mit der Kopfbedeckung der Lappländer diesen Namen gezeitigt. Unter dieser Mütze trug jeder Jude, welchen Standes oder Berufes er auch sein mochte, ein Sammetkäppchen, das eigentlich niemals vom Haupte verschwand, galt es doch fast als ein schweres Vergehen, b'kalaus rosch, mit entblößtem Haupte umherzugehen. Natürlich wurde dieses Käppchen vom Kopfe auch nicht entfernt, wenn man bei Nachbarn zu Gaste war.

Sommer und Winter trugen die Wohlhabenden eine Zobelmütze, die »Streimel« hieß. Sie war hoch, lief spitz aus und war eine, wenn nicht immer mit Zobel, so doch mit teuren Pelzstreifen besetzte Sammetmütze. Unter diesen Mützen lugten die Pejes hervor, breite Haarsträhnen, die sich fast bis unters Kinn hinschlängelten. Als besonders schön galten gekräuselte Pejes und es war ein edler Ehrgeiz, nicht nur der glücklichen Besitzer von lockigem Haar, sondern auch der Straffhaarigen, lieblich geringelte Pejes zu besitzen. Die Pejes waren direkt ein Requisit des denkenden Menschen. Eine ernsthafte Diskussion war gar nicht möglich, ohne daß die Männer mit dem Zeigefinger die Pejes drehten. Und nun gar beim Lernen des Talmuds war dieses Spiel eine fast automatische Beschäftigung. Man zog die besten Gedanken gewissermaßen aus den Pejes. Und ich habe so manches Mal die Empfindung gehabt, als habe das Talmudstudieren seine Intensität, seine logische Schärfe deswegen verloren, weil die Pejes dem grübelnden Forscher nicht mehr zur — Hand sind.

Es gab Leute, die mit besonderem Wohlgefallen sich möglichst lange, bis auf die Schultern reichende Pejes wachsen ließen. In unserer Stadt gab es einen großen Gelehrten, einen Iluj, der den ganzen Tag die T'fillim schel rosch trug, freilich bedeckt von den darüber gestrichenen langen Pejes. So ähnlich trägt auch Reb Jankew Meyer aus Minsk die Pejes über den T'fillim schel rosch, dieser fromme Mann, der fast wie ein Heiliger verehrt wird und dessen Gespräche nie enden, ohne daß er mahne: »Kinder, gibt Geld far orme Leut«.

Der lange Rock aus Seide, der Gürtel, die Pelzmütze und die berühmten Pejes mußten nun entfernt werden. Schwer fanden die Männer sich in ihr Schicksal. Sie hätten es vielleicht leichter getragen, wenn man ihnen wenigstens die Schläfenlocken gelassen hätte. Sie erst gaben den Juden — in der damaligen Auffassung — die Gottähnlichkeit. Nun war das Zelem elohim dem jüdischen Volk genommen.

An die Stelle der alten Tracht trat nun eine modische. Die

Männer mußten einen schwarzen Rock tragen, der aber nur bis zu den Knien reichen durfte. An die Stelle der kurzen Kniehosen traten lange Beinkleider, die bis über die Stiefel fielen. Im Sommer mußten die Männer einen Hut tragen, im Winter eine Mütze. Sie war aus schwarzem Tuche plump gefertigt und hatte vorne einen Schirm. Man nannte sie Kartus. Die strengen Befehle der russischen Regierung galten freilich nur den Straßenkleidern. Bis ins Haus drang das Kleider-Reglement nicht. Und man wird ohne weiteres begreifen, daß sich es sehr, sehr viele Juden nicht nehmen ließen, daheim die Kleidung zu tragen, die ihnen allein gefiel — die alte Tracht. Auch wenn es dunkel war, sah man oft Juden umherlaufen wie einst.

Dagegen wurden, scheints, von den russischen Behörden keine Einwendungen erhoben. Bei der elenden Beleuchtung, die in jenen Zeiten die relativ kleinen Städtchen abends und nachts hatten, konnte ja die Tracht ohnehin nicht auffallen. Daß Ausnahmen von den allgemeinen Bestimmungen möglich waren, kann bei der damaligen Verwaltungstechnik durchaus nicht Wunder nehmen; konnte man sich doch durch eine bestimmte Abgabe für die Dauer von zwei Jahren die Beibehaltung der alten Tracht erkaufen!

Ebenso tiefgreifende Änderungen wie die Tracht der Männer erfuhr die Kleidung der Frauen. Und man kann wohl behaupten, ohne daß man dem Vorwurfe eines Lobredners der alten Zeit zu verfallen braucht, daß der Tausch nicht gerade ein günstiger war. Die Tracht der jüdischen Frauen in litauisch Rußland wies bis dahin bis in viele Einzelheiten hinein orientalischen Charakter auf. Sie war bunt und bei den Reichen sehr kostbar, es wurden recht große Summen auf kostbare Stoffe und künstlerisches Geschmeide verwandt. Das sehr lange Hemd war hoch geschlossen und aus feinstem Linnen gefertigt. Unterröcke und Beinkleider waren selbst den Frauen der vornehmsten Familien unbekannt. Die langen Strümpfe der heutigen Mode waren damals nicht üblich. Sie reichten nur bis zum Knie herauf. Ihre Farbe war immer weiß und bei den Damen der reicheren Familien waren durchbrochene Strümpfe beliebt. — Gummiband war damals noch garnicht im Gebrauch. Und so hielt man denn die Strümpfe durch breite Atlasbänder, die sich oft an mit Kreuzstichen bestickten Strumpfbändern befanden. Auch gestrickte und gehäkelte Strumpfbänder wurden vorn mit solchen Schleifen geschlossen. Mechanische Verschlüsse aus bronziertem Blech oder anderm Metall stellte die damals noch kaum entwickelte Eisenkurzwarenindustrie den Damen nicht zur Verfügung. — Die Schuhe hatten eine große Ähnlichkeit mit Sandalen. Sie waren sehr niedrig und hatten keine Absätze. Am Fuß wurden sie durch schmale, schwarze Bändchen festgehalten, die kreuzweis verschlungen, oft bis zu den Waden hinaufgeführt wurden. Diese Schuhe waren aus schwarzem Wollstoff oder Saffianleder gefertigt und wurden zu allen Jahreszeiten getragen. Von hohen Stiefelchen und Galoschen hatte damals niemand eine Ahnung. So sehr auch bis in alle Einzelheiten die Fußbekleidung der alten Zeit verschieden war von den Formen, die man in den nächsten achtzig Jahren im Gebrauch sah, so hatten sie doch eine prinzipielle Übereinstimmung. Die weibliche Natur konnte sich auch damals nicht verleugnen und, dem Charakter jener Tracht entsprechend, die mit ihrem Goldschmuck die Eitelkeit besonders betonte, wählte man die Sandalen sehr klein und sehr eng und manche Frauen hatten einen etwas trippelnden Gang.

Über dem Hemd trugen die Frauen ein Mieder aus Seide. Rosa und rot waren hierfür als Farben besonders beliebt. Vorne war das Mieder zum Schließen. Durch große silberne Ösen wurde ein breites, seidenes Band geführt mit Hilfe einer oft bis 8 cm langen silbernen Nadel, in die das Band endigte.

Die Obertaille war sehr kurz. An ihrem unteren Rande

waren drei Rollen angenäht, die aus Watte bestanden, welche mit steifem Kattun überzogen war. Auf diesen Rollen ruhte der Rock. Ruhte ist eigentlich falsch gesagt: er war vielmehr von einer bösartigen Unruhe und hatte die natürliche Tendenz, von diesen Rollen herabzugleiten. Und so wie bei der heutigen Mode die Frauen vielfach gezwungen sind, an ihren Blusen herumzunesteln, so mühten sich die damaligen Jüdinnen ab, den Rock auf die Rollen zu ziehen. Und es war nichts seltenes, daß die Geplagten sich bei dem ununterbrochenen Zurechtschieben des Rockes die Finger wund rieben. Die Ärmel waren sehr eng und so lang, daß sie oft bis an die Finger reichten. Die ganze Obertaille war ringsum mit Pelzwerk eingefaßt und es war natürlich, daß mit diesem Pelzwerk ein besonderer Luxus getrieben wurde. Vornehme Frauen wählten immer Zobel. Die Halspartie war abgeschlossen durch einen Stehkragen, der auch im Sommer niemals fehlen durfte.

Diese Obertaille hatte ungefähr die Form der heutigen Figaro- oder Bolero-Jäckchen. Sie war vorn offen, so daß das Mieder so weit zu sehen war, als es nicht von dem Brusttuch verdeckt war. Als Stoff für diese Obertaille diente das Karpo-Voluska (Karpfenschuppen). Dieser Name war durchaus zutreffend. Es waren silberne, mattvergoldete Schüppchen so dicht nebeneinander befestigt, daß das Wollgewebe fast garnicht mehr zu sehen war. Heut sieht man derartige Stoffe eigentlich nur noch an Maskenkostümen.

Auf das Brusttuch wurde ganz besondere Sorgfalt verwandt. Man wählte dazu silber- und goldgestickte Stoffe, die eine echt orientalische Zeichnung hatten. Halbmonde waren eigentlich am beliebtesten.

Die obere Partie war mit weißen Spitzen bedeckt, die aus Frankreich bezogen wurden. Diese Blonden waren meist aus Flock- und Cordon-Seide und wiesen außerordentlich künstlerische Muster auf.

Einen ganz besonderen Schnitt hatte der Rock. Er war außerordentlich eng, kaum einen Schritt weit und natürlich immer fußfrei. Am meisten bevorzugt für diesen Rock wurde der Atlas. In Zwischenräumen von etwa zwei Querfingern zogen sich Längsstreifen den Rock herab aus feinsten, golddurchwirkten Stoffen. Ich entsinne mich noch ganz genau des Kleides meiner Mutter. Da waren die Muster dieser Borte übereinandergereihte Ellipsen, die ein feines Blättchen einschlossen. Nur die vorderen Teile des Rockes waren nicht mit diesen kostbaren Goldborten versehen, soweit sie von der Schürze überdeckt waren. Die Schürze war ein unbedingtes Erfordernis für ein vollständiges Kostüm. Sie wurde auch auf der Straße und selbstverständlich bei allen Festlichkeiten getragen. Sie war lang und reichte bis zum Saum des Rockes. Die wohlhabenden Frauen verwandten bunten Seidenstoff oder einen weißen, kostbaren Battist, der mit Samtblumen und künstlerisch feinen Mustern und Goldfäden bestickt war. (Die Ärmeren begnügten sich mit Wollstoffen oder farbigen Kattunen.) Den Stoff des Rockes mit seiner Abwechslung zwischen bestickten Längsstreifen und Atlasstreifen nannte man ganz allgemein in Littauen »Güldengestick«.

Über diesem Anzug wurde eine Art Mantel getragen, die Katinka. Die Ärmel dieses Kleidungsstückes hatten eine weite Glockenform. Sie waren oben bauschig und unten schmal. Diese Katinka war sehr lang und hatte vorn ganz glatte Breiten. Der Rücken war in der Taille anschließend. Als Stoff wurde meistens Atlas verwandt, und da es sich bei der Katinka meist um ein Kleidungsstück für die kältere Jahreszeit handelte, war sie wattiert und mit Wollstoff gefüttert. Reichere Damen ließen sie mit Atlas füttern. Und ich entsinne mich noch, daß meine Mutter, die besonderen Wert auf sorgsame Kleidung legte, eine mit blauem Atlas gefütterte Katinka trug.

Dieser Mantel wurde aber nur selten wie ein Überzieher

getragen. Wahrscheinlich, weil er den besonders kostbaren Anzug verdeckte und nicht zur Geltung brachte. So war es üblich, den Mantel einfach über die Schultern zu werfen, so daß die Ärmel auf dem Rücken herunterhingen. Manche Frauen, besonders die Gabbetes, diese Helferinnen der Armen, pflegten nur einen Ärmel überzuziehen, den andern aber über die Schulter fallen zu lassen. Wir würden das heute als recht leger und einer vornehmen Dame unwürdig bezeichnen. Damals galt es aber als standesgemäß. So ändern sich eben die Zeiten und so wandelt sich der Geschmack.

Weitaus die größte Aufmerksamkeit verwandten Reiche und Arme auf den Kopfputz. Bei den Reichen stellte er sogar eines der wesentlichsten Vermögensstücke dar. Dieser Kopfputz bestand aus einer schwarzen Sammetbinde, die dem Kokoschnik der Russinnen sehr ähnlich sah. Der Rand war in grotesken Formen ausgezackt und mit großen Perlen und Brillantsteinen reich besetzt. Dieser Kopfputz wurde oberhalb der Stirn getragen. Den Hinterkopf bedeckte eine glatt anliegende Haube, die man Kopke hieß. In der Mitte dieser Kopke war eine Schleife aus Tüllband und Blumen befestigt. Über den Nacken zog sich von einem Ohre bis zum andern eine Spitzenkrause, an der in der Nähe der Augen, an den Schläfen kleine Brillantohrringe angebracht waren. Natürlich fehlten auch Ohrringe nicht, und es war bei den vornehmen Frauen üblich, sehr große Brillanten in den Ohren zu tragen. Die hübschen Frauen sahen außerordentlich vorteilhaft in diesem Schmuck aus, aber man muß auch gestehen, daß die — sagen wir: weniger hübschen durch den Kopfputz recht schmuck erschienen. Diese kostbare Binde bildete einen Hauptbestandteil der Ausstattung einer Frau. Und man konnte niemals eine Frau ohne diesen Zierrat sehen.

Am Halse wurden Ketten aus großen Perlen getragen, die oft einen wundersamen, silbergrauen Schimmer hatten. Daß die Finger mit Brillantringen geziert waren, versteht sich nach alledem von selbst. Ja, man kann sagen, daß oft des Guten und Schönen beinah zu viel war: die Finger verschwanden ganz unter dem glitzernden, kunstvoll gearbeiteten Geschmeide.

Man wird sich vielleicht über dieses Prunken mit Edelsteinen, Perlen und kostbaren Metallen wundern und die jüdische Frau jener Zeit als geschmacklos eitel und unerträglich putzsüchtig bezeichnen. Gewiß, sie verstanden sich zu kleiden und zu schmücken. Aber die Überladenheit war gewissermaßen aus geschäftlichen Gründen geboten. Da die ungewisse Lage jener Zeit, dieses bohrende Gefühl der Unsicherheit und weiterhin die unsicheren Rechtsverhältnisse den Besitz von Immobilien fast ausschlossen, so wurde ein großer Teil des beweglichen Kapitals in leicht transportablen Wertstücken angelegt. Nach dem Reichtum an Schmuck, den die Frau trug, wurde die Kreditfähigkeit des Mannes eingeschätzt.

Festliche Gelegenheiten gaben den Anlaß, diesen ganzen Reichtum zu entfalten: Die hohen Feiertage und Hochzeiten. Am Lag b'omer, dem 33. Tage der S'fire-Zeit zwischen Pesach und Sch'wuaus, an dem die strenge Trauer der S'fire-Zeit unterbrochen werden konnte und an dem immer eine größere Anzahl sommerlicher Hochzeitsfeste begangen wurde, konnte man so recht die ganze Pracht bewundern. Und man kann vielleicht sagen, daß die Frauen den ganzen, leicht transportablen Reichtum des Hauses mit sich herumtrugen. Ich betone: die Frauen, denn bei den Männern war jeder Schmuck arg verpönt, war doch auch damals die Sitte im allgemeinen nicht in Übung, daß die Männer auch nur Trauringe trugen.

Der Kopfputz der jungen Frauen (»Schleier«) war natürlich ungleich bescheidener, aber auch recht bunt und fast abenteuerlich: Eine gelbe, grüne oder rote Haube aus Wollenstoff oder Kattun mit einem Tüll- oder Mousselin-

Schleier bedeckt, der im Nacken zu einer Schleife gebunden war und dessen Enden lang herabhingen. Man nannte diese Enden Foches. Viele alte Frauen trugen große rote Wolltücher wie einen Turban um den Kopf gewunden. Dieses turbanartige Tuch hieß Knup.

Die Ohrenkrause fehlte am »Schleier« niemals. Gerade in der Mitte über der Stirn war mit Stecknadeln ein zu einer Spitze zusammengelegtes Seidenbändchen befestigt. Auf dem Scheitel waren Tüllspitzen in Form eines Körbchens festgesteckt, die man Koischel nannte. Auch bei den Armen fehlte weder ein haarfarbenes Band an der Stirngrenze, noch die beiden in der Nähe der Augen angebrachten Ringe.

Die Kopfbekleidung der Mädchen war nur unwesentlich von der Frauentracht verschieden, nur daß sich die Mädchen ihres schönen Haarschmuckes noch erfreuten. Auch sie trugen eine Art Binde aus schmalem, rotem Wollstoff mit einer Schleife aus dem gleichen Stoffe, den man Tezub nannte. Der Schnitt der Kleider und der Schürzen war ebenso wie bei den Frauen. Sie trugen auch die niedrigen Sandalen. Aber das Brustlätzchen und die Halsspitze, das sogenannte Kreindel schmückten sie nicht. Bei den reichen Mädchen war die Kopfbinde aus schwarzem Seidentüll, in den mit roter, blauer oder rosenfarbener Seide schöne Knospen eingestickt waren. In der Form unterschieden sich die Binden der Reichen und Armen nicht. Die einfachen nannte man »Greischel«, die Seidentüllbinden »Wilnaer Knipel«.

Die armen Frauen hingen an ihrer Tracht mit außerordentlicher Liebe, und selbst in der größten Not legte man sich bei allen Bedürfnissen Zwang an, die Kleidung wurde aber nie verändert. Ich hatte gerade in einem Hungerjahre Gelegenheit, diese Zähigkeit zu beobachten. Viele Leute kamen da in unser Haus, um sich dort Brot zu holen. Man verteilte damals in sehr decenter Form milde Gaben. Meine gute Mutter ließ täglich 5-6 Pfund schwere

Laibe Brot backen, die in einem Flurschrank, dessen Tür absichtlich offen gelassen wurde, für die armen Leute niedergelegt waren. Ebenso stand damals bei uns im Eßzimmer immer die Büffettür offen, damit der eine oder der andere unserer Besucher, die in der schweren Zeit verarmt waren, sich an den dort aufbewahrten Schätzen: Brot, Butter, Schnaps, Käse gütlich tun könnten. Uns Kindern war zwar streng untersagt worden, nachzusehen, wer da käme. Aber wer kann kindliche Neugier ganz niederhalten? Von unseren sicheren Verstecken aus sahen wir die Leute kommen, an deren Haltung, Geberde und Aussehen die bittere Not so manches verändert hatte, nicht aber an deren Tracht.....

Was für oft so tragikomische Szenen haben sich damals doch abgespielt! Noch in der Erinnerung wandelt mich ein Lachen an, aber es ist untermischt mit tiefem Weh, Empörung und Wut über die Entwürdigung des Menschen.

So ereignete sich an einem Freitag Vormittag im Sommer des Jahres 1845 folgendes: Ich befand mich auf dem Marktplatz der Stadt Brest, wo viele jüdische Weiber zum Einkauf für den bevorstehenden Sabbath sich versammelt hatten, als plötzlich ein großer Tumult entstand. Alles lief durcheinander und strömte dabei doch einem und demselben Punkt zu. Natürlich beeilte ich mich, auch dahin zu gelangen, um die Ursache des Aufruhrs zu erfahren. Aus der Menge hörte man bald Gelächter, bald Seufzen. Endlich erreichte ich den Schauplatz und ein empörender Anblick bot sich mir dar. Ich sah eine jüdische Frau mit (im buchstäblichen Sinne des Wortes) entblößtem Kopfe, da ihr Haar, nach der talmudischen Vorschrift für verheiratete Frauen, abrasiert war. Dies unglückliche Opfer stand so umringt von der Volksmenge, ganz entsetzt da, einerseits wegen der Sünde, barhäuptig unter freiem Himmel zu sein (was nach jüdischer Anschauung ein großes Vergehen war), andrerseits voll Scham vor den gaffenden Menschen, und flehte mit vor Tränen erstickter Stimme den neben ihr stehenden Polizeimann um Gnade an, der ihr mit nicht allzu zarter Hand den Kopfputz abgerissen hatte und ihn jetzt als Trophäe hoch empor hielt und schüttelte, was das Publikum zu unaufhörlichem Gelächter anregte. Die bedauernswerte Frau suchte mit der einen Hand den kahlen Kopf mit dem Zipfel ihrer Schürze zuzudecken, während die zweite Hand in der Tasche herumstöberte, um die dort aufbewahrte Haube nach der neuen, russischen Vorschrift herauszuholen. Dabei schrie die Unglückliche unaufhörlich im jämmerlichsten Ton: »Panotzik Panotzik! Hier, da hab ich, da ist ja in der Tasche der Lappen!« Sie hatte endlich die Haube auf den nackten Kopf gesetzt, was sie entsetzlich verunstaltete. Da erst beruhigte sich der Scherge und ging fort.

Bald führte ihm das Schicksal ein zweites Opfer zu. Diesmal war es ein armer Jude, der in einem langschößigen Kaftan auf den Marktplatz kam. Der Polizeimann empfing ihn mit nicht sehr schmeichelhaften Ausdrücken. Indem er einen zweiten Polizisten herbeirief, hieß er den vor Angst zitternden Juden stehen bleiben, griff nach einer großen Schere, die er stets bei sich trug, und nun schnitt er, unterstützt von seinem zweiten Amtskollegen, dem Juden die langen Schöße des Kaftans nach Art eines Fracks ab, wodurch die (Unter-) Beinkleider zum Vorschein kamen. Dann riß er dem Bedauernswerten die Kopfbedeckung ab und schnitt ihm die Pejes so nahe am Ohr ab, daß der Arme vor Schmerz aufschrie. Alsdann gab er sein Opfer frei, und das Marktvolk gab dem so zugerichteten Juden unter lautem Gejohle das Geleit.

Derartige Exekutionen kamen auch auf der großen Landstraße vor. Begegnete ein Polizist da einem Juden in alter Tracht und hatte er gerade keine Schere bei sich, so war er der Ansicht, daß er sich durch diesen Umstand von der Ausübung seiner Pflicht nicht zurückhalten lassen dürfe.

Statt der Schere bediente er sich zweier Steine und zwar so, daß er den Juden seitlich zur Erde legte, die Peje über einen Stein spannte, der dicht neben der Wange zu liegen kam, und mit einem zweiten Stein so lang auf die Peje losrieb, bis sie durchgewetzt war. Der arme Jude litt dabei natürlich schreckliche Qualen.

Diese Vorgänge klingen heute unglaublich. Aber diese äußerlichen Leiden und Tragödien waren doch nur im kleinen ein Bild der großen Umwälzungen, die sich vorbereiteten.

Druck: Beyer & Boehme, Berlin S. 42, Wasserthorstr. 50.

Fußnoten:

[A] Dokumentarisch ist es, daß mein Großvater, dem auch der Ehrenbürger-Titel verliehen wurde, von General Deen, dem Chef der Arbeiten bei dem Bau der Festung in Medlin bei Warschau, Ende der zwanziger Jahre des vorigen Jahrhunderts, aus der Provinzstadt Bobrujsk nach Warschau berufen wurde, um Arbeiten an den grossen Festungsbauten zu übernehmen. Die Uebernahme solcher Arbeiten hat meinen Vater auch zur Uebersiedlung nach Brest veranlasst.

[B] Die Einladung lautete »Zu Latkes geladen«.

[C] Die damaligen Sittenregeln forderten, dass der jüngere Mann oder die jüngere Frau den älteren zuerst Scholachmones schicken musste.

[D] Der dazu verwandte Weizen wird auf dem Felde in Gegenwart des Rabbiners und mehrerer Juden geschnitten, gedroschen und gemahlen. Er wird also unter Obhut verarbeitet, daher gehütete Mazzes.

[E] Wahrscheinlich ein Zeichen der Befreiung von der Sklaverei — als freier Herr den Ruhesitz zu benützen, oder erhielt sich in dieser Form die orientalische Sitte, Festmahle überhaupt halb liegend auf gepolsterten Sitzen abzuhalten?

[F] Ueber die Trachten und ihre Veränderung bringt das Schlusskapitel dieser Memoiren nähere Angaben.

[G] dünne, breite Späne aus sehr harzigem Holz, die in ein eigens dazu im Schornstein gemachtes Loch hineingesteckt wurden. Ein erstickender Qualm verdunkelte zur Hälfte dieses flackernde Licht.

[H] ein Schüsselchen mit flüssigem Schweinefett mit einem, dünnen Holzsplitterchen, das als Docht angezündet wurde.

[I] die Gebetbücher, welche die Geschichte des Auszuges der Juden aus Mizraim enthalten.

[J] Jeder Jude muss am Freitag Abend, am Sonnabend und anderen Festtagen mit einem Becher Wein das Fest einweihen, das Gebet heißt Kidusch. Der Becher muss ein bestimmtes Maß enthalten und nennt sich Row-Koß.

[K] Sphirezählen: Es werden die Tage von Pesach bis Schewuaus gezählt. Die Zeit gilt als Trauerzeit zur Erinnerung an die Belagerung Jerusalems durch Titus. Eine Volkssage erzählt, dass in derselben Zeit an der Talmudhochschule jeden

Tag ein hervorragender Schüler starb, weil eine Seuche in der Stadt herrschte.

[L] Eine lange, spitz zulaufende Pelzmütze.

[M] Ein viereckiges Stück Zeug, an dessen Enden die Zizes (Wollfäden) angebracht sind.

[N] Ein verächtliches Benennen, das so viel wie Gassenjungen für Mädchen bedeutet.

[O] M'susele, ein Amulett, das bei frommen Juden als Schutz wohl gegen böse Geister an jedem Türpfosten angebracht ist.

[P] Diese Frühandacht in der Synagoge nennt der Jude »Zu Gotts Name«.

[Q] Ein viereckiges, weisses Wolltuch mit dunkelblauen Streifen an den zwei Enden und an allen vier Ecken mit Zizis, den heiligen Fäden, versehen. Dieses Tuch legen sich die Juden beim Beten um die Schultern.

[R] Bocher, Jüngling; unverheirateter.

[S] Wohl aus Billet entstanden.

[T] Die Inschriften der Grabsteine sind dem Werke von Mayer Jechiel Halter: »Die berühmte Stadt Brest« entnommen.

Notizen des Bearbeiters:

Die hebräischen Schriftzeichen auf S.22 und S.23 wurden durch die entsprechenden Unicode-Zeichen ersetzt.

Nicht konsistente Schreibweisen wurden so belassen, wie sie gedruckt wurden (Bsp.: Zizes und Zizis)

www.ingramcontent.com/pod-product-compliance
Lightning Source LLC
Chambersburg PA
CBHW030833270326
41928CB00007B/1026